Conception et réalisation : OKIDOKID.
Création graphique et mise en page : Mily Cabrol.

© 2023 Assimil
13, rue Gay-Lussac, 93431 Chennevières-sur-Marne
Numéro d'édition : 4291
ISBN : 978-2-7005-0948-9
Loi du 16 juillet 1949 sur les publications destinées à la jeunesse
Imprimé en Pologne par Drukarnia Dimograf
Dépôt légal : octobre 2023

KENZA ZAOUI

MARIE-JOËLLE FOURNIER

BIENVENUE AU CANADA !

WELCOME TO CANADA!

MON VOYAGE AU NORD DE L'AMÉRIQUE

SOMMAIRE

1. Les provinces maritimes : la Nouvelle-Écosse, le Nouveau-Brunswick et l'Île-du-Prince-Edouard
- Premières impressions canadiennes — 8
- Cap sur l'Acadie — 10
- Une province maritime — 12
- L'île-du-Prince-Édouard — 14
- → *Histoire et politique* — 16

2. Le Québec
- En route vers le Québec — 18
- Québec et les baleines — 20
- Explorons Montréal — 22
- → *A quoi jouent les Canadiens?* — 24

3. L'Ontario
- Ottawa, nous voilà ! — 26
- Train, écureuils et beignets — 28
- La plus américaine des villes — 30
- Deuxième jour à Toronto — 32
- Les chutes du Niagara — 34
- → *Dans la peau d'un écolier canadien* — 36

4. Les Prairies : le Manitoba et la Saskatchewan
- Au centre du Canada — 38
- La capitale des ours polaires — 40
- En route vers l'ouest — 42
- → *Plats canadiens typiques* — 44
- Sous le ciel de la Saskatchewan — 46
- Le Parc national des Prairies — 48

5. L'Alberta
- Jurassic Park au Canada — 50
- L'Alberta, pays de la rose sauvage — 52
- → *Le Canada aujourd'hui* — 54
- Les surprises du parc de Banff — 56
- Au cœur des Rocheuses — 58
- → *Les Premières Nations* — 60

6. La Colombie-Britannique
- On explore Vancouver — 62
- → *4 Canadiens célèbres* — 64
- En route vers Victoria — 66
- La nature omniprésente — 68
- → *Littérature, cinéma et télévision* — 70

7. Le Yukon
- Le Yukon, notre dernière étape — 72
- → *L'hiver au Canada* — 74

8. La fin du voyage — 76

1 PREMIÈRES IMPRESSIONS CANADIENNES

BIENVENUE AU CANADA !

Je m'appelle Myriam et j'ai 15 ans. Avec mes parents et mon petit frère de 12 ans, Nicolas, on se lance cet été dans un voyage incroyable : la traversée du **CANADA** ! On va explorer plein de villes, sillonner des paysages de cartes postales, ça va être extraordinaire. Aller au Canada, mes parents en parlent depuis toujours, et ils sont vraiment contents qu'on réalise enfin ensemble le voyage de leurs rêves.

L'ARRIVÉE À HALIFAX

Notre avion a décollé de Paris à 11 h 25 et, après un peu plus de sept heures de vol, nous atterrissons à **HALIFAX**, la capitale de la **NOUVELLE-ÉCOSSE**, à 13 h 36 ! Nicolas a du mal à comprendre pourquoi le trajet semble avoir pris seulement deux heures selon sa montre, mais maman lui explique le concept du décalage horaire. À Halifax, il y a cinq heures de moins qu'à Paris.

Les fuseaux horaires

Le Canada est le deuxième plus grand pays au monde, avec une superficie de 9 984 670 kilomètres carrés ! L'heure ne peut pas être la même partout : il y a six fuseaux horaires au Canada. Entre **TERRE-NEUVE**, à l'est, et la **COLOMBIE-BRITANNIQUE**, à l'ouest, on compte cinq heures trente de différence !

OUR FIRST CANADIAN IMPRESSIONS

LA NOUVELLE-ÉCOSSE

DAYS 1, 2 | **JOURS 1, 2**

« HELLO, BONJOUR ! »

Le passage devant le douanier est un peu déroutant : il nous salue en disant « hello, bonjour! ». On ne sait pas trop si on doit lui parler en anglais ou en français mais, comme on lui répond « bonjour », il nous pose quelques questions sur notre voyage en français, et finit par tamponner nos passeports en nous souhaitant de bonnes vacances.

En récupérant la voiture de location, on découvre la belle plaque d'immatriculation avec un voilier bleu. L'employé nous explique qu'il y a 13 plaques différentes au Canada, une pour chaque province et territoire, avec une devise et un symbole particuliers. **CANADA'S OCEAN PLAYGROUND**, ça veut dire que la Nouvelle-Écosse est le terrain de jeu aquatique du pays !

À LA DÉCOUVERTE D'HALIFAX

Après une bonne nuit de sommeil, on arpente Halifax. On visite d'abord la **CITADELLE**, une forteresse de défense qui surplombe la ville depuis 1828, puis le **MUSÉE CANADIEN DE L'IMMIGRATION**, situé sur le port, sur la **JETÉE 21**. C'est l'endroit où arrivaient les immigrants après leur traversée transatlantique.

Toutes ces visites nous ont donné faim. Pour notre pause pique-nique, on s'installe dans les **JARDINS BOTANIQUES** à l'allure très britannique et on déguste un *donair*. Dans les années 1970, lassé par les plats grecs qui ne se vendaient pas, un restaurateur a créé une version de kebab au bœuf avec des tomates, des oignons et une sauce blanche sucrée. Cinquante ans plus tard, le *donair* est le plat officiel de la ville !

CAP SUR L'ACADIE !

ON REMONTE LE TEMPS

Nous quittons déjà la Nouvelle-Écosse pour découvrir la province voisine, le **NOUVEAU-BRUNSWICK**. Un peu moins de trois heures de route séparent Halifax de **MONCTON**, mais, juste avant la frontière, on fait un léger détour en direction de **JOGGINS**. Nicolas espère que l'on va visiter le musée du survêtement, mais non : Joggins n'est pas la capitale du vêtement de sport, c'est un site inscrit au patrimoine mondial de l'Unesco pour ses falaises qui regorgent de fossiles.

DES FOSSILES AU MILIEU DES GALETS

Difficile d'imaginer qu'il y a 300 millions d'années, la plage de galets gris et roses sur laquelle nous marchons était une forêt luxuriante avec des arbres géants. Il est impossible de trouver des fossiles de dinosaures le long des 15 kilomètres de falaises de Joggings, car il n'y en avait pas dans cette région. Mais ceux d'amphibiens et de reptiles sont partout : avec Nicolas, on s'amuse à retourner les cailloux pour essayer de dénicher un beau spécimen.

ACADIA, HERE WE COME!

LE NOUVEAU-BRUNSWICK
DAY 3 **JOUR 3**

DES PANNEAUX EN FRANÇAIS !

De retour sur la route, une fois arrivés au Nouveau-Brunswick, on s'aperçoit que tous les panneaux sont en anglais et en français ! Maman nous explique que la province est officiellement bilingue, ce qui veut dire qu'on peut choisir de parler anglais ou français.

DU SURF À MONCTON

Moncton est une petite ville très mignonne. Comme il y a des dizaines de fresques partout, on se balade en les cherchant. Nos pas nous mènent le long de la rivière. Là, un passant nous conseille d'attendre quelques minutes. Il nous explique que la rivière s'appelle officiellement le **PETITCODIAC**, mais que tout le monde l'appelle « la rivière chocolat » en raison de sa couleur. Lorsqu'elle croise les très fortes marées de la **BAIE DE FUNDY**, deux fois par jour, cela déclenche un contre-courant qui se transforme en une petite vague capable de remonter le lit de la rivière. Sa hauteur varie entre 3 et 75 centimètres ! Ce phénomène s'appelle le mascaret, et la prochaine occurrence arrive pile sous nos yeux. C'est plutôt cool ! Il paraît que des surfeurs viennent parfois avec leur planche pour prendre cette longue vague ! Ce doit être génial !

Les Acadiens

Le Nouveau-Brunswick et la Nouvelle-Écosse font partie d'une région qui s'appelle l'Acadie et qui a été peuplée à partir de 1604 par des colons en provenance de France. Devenus acadiens, ils ont conservé leur culture et leur langue pendant un siècle jusqu'à la conquête de la région par la Grande-Bretagne, en 1713.

Comme les Acadiens parlaient français et pratiquaient le catholicisme, ils constituaient une menace pour les Anglais qui voulaient les convertir à l'anglais et au protestantisme. N'obtenant pas les résultats escomptés, les Britanniques décident de déporter les Acadiens à partir de 1755. Ils sont envoyés en France, en Angleterre, aux États-Unis (dans le Maine et en Louisiane) et beaucoup ne reviendront jamais au Canada.

Aujourd'hui, un Acadien, c'est un habitant de la région qui parle français. Beaucoup affichent leur drapeau sur leur maison, et ils font du bruit avec fierté le 15 août, lors de leur fête nationale, le **TINTAMARRE**.

1 UNE PROVINCE MARITIME

LES ROCHERS HOPEWELL

En fin de journée, on prend la direction du sud : on va voir les **ROCHERS HOPEWELL**. Lorsqu'on arrive sur le site, en haut de la plateforme d'observation, on est plutôt déçus : il y a une grande étendue d'eau et quelques pierres émergées. Un guide nous explique que la marée est haute mais va bientôt baisser, et que le paysage va se transformer.

Marée haute ↗

CHANGEMENT RADICAL

En effet, alors que papa et maman posent des tas de questions géologiques, l'eau commence à se retirer, révélant un spectacle insoupçonnable. On voit le sable, maintenant. Il y a une vingtaine de monolithes en grès qui ont des formes incroyables à cause de l'érosion et, très vite, on est en mesure de descendre sur la plage !

DES ROCHERS AUX NOMS AMUSANTS

On se balade entre les pierres, il y a des kayakistes qui passent. Les rochers sont gigantesques, ils mesurent entre 14 et 21 mètres de haut. Et ils ont tous des noms ! Mon préféré, c'est **L'ARCHE DES AMOUREUX**. Nicolas, lui, est fasciné par le **ROCHER DU DIAMANT** dont la paroi est parfaitement rectiligne.

A MARITIME PROVINCE

LE NOUVEAU-BRUNSWICK

DAY 3 — **JOUR 3**

LA BAIE DE FUNDY

Les marées sont les plus fortes du monde à cet endroit et peuvent atteindre jusqu'à 16 mètres. Cela représente 160 milliards de tonnes d'eau salée qui remplissent et quittent la baie deux fois par jour. D'ailleurs, selon une légende des **MICMACS**, le peuple autochtone de la région, les marées sont causées par une baleine géante qui se déplace sous l'eau. Quoi qu'il en soit, on ne va pas aller se baigner : la température de l'océan n'est jamais à plus de 10 °C ici, même en plein été !

DU HOMARD PARTOUT

Quelques kilomètres au nord de Moncton, on décide d'aller visiter la capitale mondiale du homard, **SHEDIAC**. Il y a d'ailleurs une immense statue qui accueille les visiteurs ! Nicolas et moi, nous n'avons jamais goûté à ce crustacé... On se laisse tenter par un **lobster roll**, un sandwich au homard avec du pain brioché, de la mayonnaise, du citron et du céleri. C'est super bon !

MONNAIE — **CURRENCY**

La monnaie

Au Canada, on utilise des dollars mais ce ne sont pas les mêmes qu'aux États-Unis.

Cinq pièces seulement sont en circulation : 5 centimes (un castor), 10 centimes (le bateau *BlueNose*, comme sur la plaque d'immatriculation de la Nouvelle-Écosse) et 25 centimes (un caribou. Cette pièce s'appelle un **quarter** en anglais car elle vaut un quart de dollar).
Les pièces de 1 et 2 centimes ont été retirées de la circulation en 2013 car elles coûtaient plus cher à fabriquer que leur valeur réelle. Cela veut dire que les prix sont toujours arrondis.

La pièce de 1 dollar est affectueusement surnommée le **loonie** car elle arbore le dessin d'un oiseau appelé le plongeon huard (*loon* en anglais). La pièce de 2 dollars, le **toonie**, est en argent et or, et un ours polaire y est représenté.

Les billets sont, quant à eux, fabriqués en polymère : ils peuvent passer à la machine à laver sans dommages ! Le billet de 5 dollars est bleu, celui de 10, violet (les nouveaux ont un design vertical original) et celui de 20, vert. Ils sont ornés de portraits de différentes personnalités historiques, comme la reine Elizabeth II ou Viola Desmond, une militante des droits civiques. Des billets de 50 et de 100 dollars existent aussi, mais ils sont moins utilisés.

HOMARD — **LOBSTER**

1 L'ÎLE-DU-PRINCE-ÉDOUARD

EN ROUTE VERS L'EST !

Après cet aperçu du Nouveau-Brunswick, on part faire un tour dans la plus petite province canadienne : **L'ÎLE-DU-PRINCE-ÉDOUARD**. Comme son nom l'indique, c'est une île ! Je voudrais y aller en ferry mais les ports sont plutôt loin de notre point de départ, c'est plus simple d'emprunter le **PONT DE LA CONFÉDÉRATION**. Avec ses 13 kilomètres, c'est le plus long pont passant au-dessus des glaces dans le monde ! Mais bon, pour nous, c'est l'été… C'est un peu un pont comme un autre.

DES PLAGES AUX COULEURS SURPRENANTES

Ma déception vis-à-vis du pont est de courte durée : elle cesse dès que nous arrivons sur notre première plage… Car le sable et les falaises sont rouges ! On n'a jamais vu ça ! Papa trouve un panneau qui explique que le sol de l'île est fait de sable et d'argile et qu'une très forte concentration d'oxyde de fer leur donne cette couleur inhabituelle. C'est vraiment beau, on dirait une photo un peu saturée.

LÀ OÙ LE CANADA EST NÉ

La plaque d'immatriculation de l'Île-du-Prince-Édouard mentionne que c'est le berceau de la Confédération. En effet, c'est dans la capitale, **CHARLOTTETOWN**, que s'est tenue une conférence en 1864 qui allait mener à la création du Canada trois ans plus tard.

PRINCE EDWARD ISLAND

ÎLE-DU-PRINCE-ÉDOUARD

DAY 4 — JOUR 4

UNE MAISON PAS COMME LES AUTRES

L'endroit le plus célèbre sur l'Île-du-Prince-Édouard, c'est **GREEN GABLES**, la maison aux pignons verts. Elle est située sur la côte nord. Sa notoriété est due à l'auteure Lucy Maud Montgomery, qui vivait dans le village tout proche de **CAVENDISH** lorsqu'elle était enfant. Elle a décidé d'utiliser la demeure d'une de ses camarades d'école comme cadre de son premier roman. *Anne of Green Gables* a été un tel succès que le gouvernement canadien a ensuite racheté la ferme pour en faire un musée, repeint la toiture en vert et meublé l'intérieur comme dans l'histoire !

C'est une visite vraiment intéressante, même si on n'a jamais lu le livre – mais papa nous en achète deux versions dans la boutique de souvenirs : une en anglais et une en français ! Maman, qui l'a déjà lu, dit qu'on se reconnaîtra forcément dans les aventures d'Anne, orpheline de 11 ans qui vit une série de péripéties. Ça pique notre curiosité !

À l'heure du dîner

Sur la route, on a faim et on trouve par hasard une auberge avec de la musique. Le serveur recommande aux parents de commander une **chowder** : c'est une soupe à base de poisson, de pommes de terre, de homard et de fruits de mer. Il nous dit que 25 % des pommes de terre cultivées au Canada proviennent de l'Île-du-Prince-Édouard, alors on décide de commander des frites. On mange en battant la mesure, car les musiciens jouent de la musique celtique !

CHAUDRÉE — CHOWDER

HISTOIRE ET POLITIQUE

ZOOM CANADA

♡ Un peu d'histoire

Les premiers Européens à avoir mis le pied au Canada sont les Vikings. Ils ont débarqué à Terre-Neuve aux alentours de l'an 1 000. Mais ils ne sont pas restés, et il a fallu attendre presque quatre cents ans pour que d'autres Européens traversent l'Atlantique. Après la découverte du Labrador par Jean Cabot, en 1497, toute la zone est utilisée comme port de pêche par les Européens, mais ils ne s'aventurent pas sur la terre ferme. Jacques Cartier arrive à son tour au Labrador, en 1534, mais décide de descendre le fleuve Saint-Laurent : le Canada apparaît alors pour la première fois sur les cartes.

♡ Les premiers peuples

Cependant, à chaque nouvelle expédition, les explorateurs réalisent qu'il y a déjà des habitants sur place : les Premières Nations, qui s'organisent en tribus, chacune avec sa langue, ses traditions et coutumes (la pêche, la chasse, la cueillette, l'agriculture…). Mais la colonisation et surtout l'avancée des Européens vers l'ouest ne se sont pas toujours déroulées pacifiquement. Il y a eu des incidents comme le soulèvement des Métis du Manitoba, en 1869, ou le massacre de Cypress Hills, en 1873. Au fur et à mesure que le Canada s'étend, les dignitaires signent des traités avec les chefs des tribus qui leur cèdent des territoires, et la paix s'installe.

♡ Un pays qui s'agrandit

Les Anglais et les Français se sont battus pendant des décennies pour dominer ce qui allait devenir un nouveau pays en 1867. À ce moment-là, le Canada se compose seulement du Québec, de l'Ontario, de la Nouvelle-Écosse et du Nouveau-Brunswick. Au fur et à mesure de la conquête de l'Ouest, les autres provinces et territoires s'ajoutent pour créer le pays

CANADIAN HISTORY AND POLITICS

que nous connaissons aujourd'hui : Terre-Neuve rejoint la Confédération en 1949 et le Nunavut en 1999.

♡ Le système politique canadien

Le Canada est une monarchie constitutionnelle : le chef d'État est le souverain d'Angleterre, et son représentant officiel outre-Atlantique est le Gouverneur général. Mais le pays est aussi une démocratie parlementaire : 338 députés venant de tout le pays et 105 sénateurs collaborent avec le Premier ministre et ses ministres depuis Ottawa pour gouverner le pays.

♡ Un pays fédéral

Le Canada est aussi un État fédéral, avec dix provinces et trois territoires, qui ont tous un Premier ministre, un Parlement (parfois appelé assemblée législative) et une capitale. Certains domaines relèvent de la compétence fédérale, comme la défense, les affaires étrangères, la poste ou la citoyenneté, alors que d'autres, comme l'éducation, les routes ou la santé, sont gérés directement par les provinces.

♡ Deux langues officielles

Puisque le Canada a été tour à tour colonisé par les Français et les Britanniques, le français et l'anglais ont aujourd'hui statut de langues officielles, c'est-à-dire que le gouvernement fédéral autorise les citoyens à utiliser la langue de leur choix lorsqu'ils accèdent à des services gouvernementaux. Cela signifie aussi que les francophones en milieu minoritaire (dans le Canada anglophone) peuvent avoir accès à des médias ou des écoles francophones, et l'inverse s'applique aussi pour les anglophones au Québec.

La devise du Canada est *ad usque ad mare*, d'un océan à l'autre, pour montrer l'étendue du pays de l'Atlantique au Pacifique.

2 EN ROUTE VERS LE QUÉBEC

PAS DE TGV

Nous embarquons dans le train en gare de Moncton. Il est 17 h et nous arriverons à **QUÉBEC** demain à 7 h (nous passons la nuit dans le wagon)! Ce qui explique la lenteur du trajet selon maman, c'est qu'il n'y a pas vraiment de ligne à grande vitesse au Canada, on ne peut pas dépasser 160 km/h. Et les trains de marchandises ont la priorité sur ceux qui transportent des passagers. Donc, à chaque fois que nous sommes rattrapés par une autre rame qui veut nous doubler, nous la laissons passer. Heureusement, dans notre compartiment, les sièges se transforment en lits!

UN WAGON PAS COMME LES AUTRES

C'est drôle d'explorer le train, il y a même un wagon avec de grandes fenêtres panoramiques qui permettent d'observer le paysage pratiquement à 360 °.

Certains passagers ne transportent pas que des valises, mais aussi des canoës!

ON THE WAY TO QUEBEC

LE QUÉBEC — DAY 5 / JOUR 5

CANOË OU KAYAK ?

Ces deux embarcations à pagaies originaires d'Amérique du Nord sont très populaires mais très différentes.

Le canoë a été inventé par les Autochtones, qui l'utilisaient pour pêcher, chasser, mais aussi se déplacer. En sortant de l'eau, ils devaient l'emmener sur la terre ferme, et ce transport sur les épaules s'appelle un portage. Les canoës traditionnels étaient fabriqués en écorce de bouleau et assez grands pour contenir des fourrures et des marchandises. Ils étaient destinés à être utilisés plutôt sur des lacs ou des rivières calmes, car il est plus facile d'avancer en pagayant toujours du même côté.

Le kayak est d'origine inuit et utilisé depuis des milliers d'années. Au début, il était fabriqué à base d'os de baleines recouverts avec de la peau de phoque. Aujourd'hui, il est en toile, ou en plastique. Le kayak servait principalement pour la chasse ou la pêche et devait être rapide et maniable. La jupe (la protection des jambes dans un matériau imperméable) a été inventée pour minimiser les risques d'hypothermie en cas de naufrage dans les eaux glaciales de l'Arctique.

Petit lexique québécois

Les vêtements
- une tuque = un bonnet
- des mitaines = des gants
- un coton ouaté = un sweat à manches longues avec une poche ventrale
- un chandail = un pull ou un maillot de sport

Les qualificatifs
- broche à foin = nul, de mauvaise qualité
- frette = un peu froid
- quétaine = ringard
- magané = usé, abîmé

La vie quotidienne
- un maringouin = un moustique
- mon chum = mon petit copain, mon homme
- ma blonde = ma petite copine, ma compagne
- un dépanneur = une épicerie de quartier
- un char = une voiture
- des niaiseries = des bêtises
- déjeuner, dîner, souper = prendre le petit-déjeuner, déjeuner, dîner
- les foufounes = les fesses
- une sucette = un suçon
- magasiner = faire les boutiques

Les expressions
- pantoute = pas du tout
- être tanné = être agacé
- pas de chicane dans ma cabane = ne vous disputez pas
- tire-toi une bûche = prends une chaise
- attache ta tuque avec de la broche = prépare-toi
- se sucrer le bec = manger des bonbons ou des sucreries
- être vite sur ses patins = être réactif
- c'est correec' (on ne prononce pas le t) = c'est très bien
- en titi = beaucoup
- c'est tiguidou = ça marche !
- rester encabané = rester enfermé

2 QUÉBEC ET LES BALEINES

UN PEU DE GOURMANDISE

Dans la ville de Québec, tout est magnifique, notamment la rue du **PETIT CHAMPLAIN** avec ses restaurants et ses boutiques. Pour commencer la visite du bon pied, mon frère et moi, on goûte une « tire d'érable » : du sirop d'érable chaud versé sur un bac de glace et enroulé autour d'un bâtonnet de bois pour former une sucette. On s'est régalés !

UN LIEU CONVOITÉ PAR LES FRANÇAIS ET LES ANGLAIS

Lors de la visite guidée de la ville à pied, on apprend plein d'anecdotes amusantes. Le nom « Québec » vient d'une expression iroquoise qui veut dire « la rivière rétrécit ici ». C'est la première ville d'Amérique du Nord. Elle a été fondée en 1608 et a changé de mains quatre fois entre la France et l'Angleterre en cent cinquante ans. Le guide nous emmène aux **PLAINES D'ABRAHAM**, là où a eu lieu une grande bataille, en 1759, qui a confirmé la souveraineté anglaise sur la région. Aujourd'hui, c'est juste une étendue d'herbe, et il est difficile d'imaginer que des soldats se sont battus là.

LA PLAQUE D'IMMATRICULATION DU QUÉBEC

Elle comporte deux symboles en hommage à l'héritage français : la fleur de lys et la devise « Je me souviens ». Cette expression vient du fronton de **L'HÔTEL DU PARLEMENT** du Québec. Gravée par l'architecte Eugène-Étienne Taché, elle se trouve au centre de plusieurs statues qui racontent l'histoire du Québec. Cependant, Taché n'a jamais précisé de quoi il fallait se souvenir !

Un hôtel qui ne porte pas son nom

Le monument emblématique par lequel nous terminons la visite guidée, c'est le **CHÂTEAU FRONTENAC**. C'est un hôtel de luxe construit à la fin du XIXᵉ siècle. Il détient le record de l'hôtel le plus photographié au monde : nous aussi on a voulu une photo devant !

QUEBEC CITY AND SOME WHALES

LE QUÉBEC

DAY 6 — JOUR 6

CAP VERS TADOUSSAC

C'est notre deuxième journée au Québec et nous sommes tous excités car nous partons voir des baleines ! Pour cela, il faut prendre la direction du nord et conduire trois heures jusqu'à **TADOUSSAC**.

UN MAL DE MER VITE OUBLIÉ

On monte sur un zodiac pour aller sur le **FLEUVE SAINT-LAURENT**. Si les baleines aiment autant cet endroit, c'est parce que, dans l'embouchure du **FJORD DU SAGUENAY**, les eaux profondes froides et salées de l'océan se mélangent avec de l'eau plus chaude en surface. Cela permet au plancton de proliférer, un vrai buffet pour les treize espèces de baleines qui vivent ici ! Elles passent environ sept mois par an à se nourrir sans arrêt, puis elles partent lorsque l'hiver arrive.

> LE BATEAU TANGUE UN PEU MAIS C'EST SUPPORTABLE ET, DÈS QUE L'ON APERÇOIT NOTRE PREMIÈRE BALEINE, ON OUBLIE NOTRE MAL DE MER ! ON EN VERRA PLUSIEURS, NOTAMMENT DES RORQUALS. C'EST UNE EXPÉRIENCE INOUBLIABLE.

S'amuser même en hiver

Le **CARNAVAL D'HIVER** de la ville de Québec date de 1894. Il est devenu une tradition annuelle en 1955, avec l'invention du **BONHOMME CARNAVAL**, une mascotte qui sourit toujours malgré les températures négatives. **L'HÔTEL DE GLACE**, dans lequel il est possible de passer la nuit, est au centre du Carnaval. Habituellement, une centaine de sculptures de glace sont éparpillées dans la ville et l'on peut assister à une course en canots à glace sur le fleuve, ainsi qu'à une descente en luge sur un long toboggan de glace.

BALEINE — WHALE

2 EXPLORONS MONTRÉAL !

DÉPART POUR MONTRÉAL

La prochaine étape de notre voyage, c'est **MONTRÉAL**. Dans le train, pour passer le temps, je lis *Anne, la maison aux pignons verts*. Et ça me plaît ! Maman fait des recherches pour préparer la suite du voyage, papa dort et Nicolas joue sur sa tablette.

UNE GIGANTESQUE VILLE SOUTERRAINE

Une fois arrivés, on va poser nos valises à l'hôtel et on ressort dans les rues où il fait chaud et humide ! Heureusement, Montréal a un énorme atout pour se mettre à l'abri des intempéries, en été comme en hiver : 33 kilomètres de galeries souterraines. Cette ville sous la ville offre tout ce dont on peut avoir besoin : cafés, restaurants, marchés, cinémas, centres commerciaux et quatre lignes de métro. Génial !

Frites, fromage, sauce : un délice

Pour le déjeuner, on mange le plat québécois le plus célèbre : une poutine ! Dans notre assiette, se retrouve un mélange de frites, de sauce brune (un bouillon de viande avec de la farine et du sirop d'érable) et de « fromage en grains », coupé en petits cubes qui font « skouik skouik » lorsqu'on croque dedans.

MONTRÉAL, VILLE DE FESTIVALS

Au hasard d'un couloir, on tombe sur un comédien qui raconte des blagues dans le cadre du **FESTIVAL JUSTE POUR RIRE**. On ne comprend pas tout ce qu'il dit car on n'est pas habitués à l'accent, mais les gens rient beaucoup. À Montréal, il y a presque cent festivals par an !

LET'S EXPLORE MONTREAL!

DAYS 7, 8

LE QUÉBEC

JOURS 7, 8

DES ACROBATIES DE HAUT VOL

Pour le reste de l'après-midi, on se sépare. Direction le **STADE MÉMORIAL PERCIVAL-MOLSON** pour Nicolas et maman, et le **CENTRE BELL** pour papa et moi, qui avons réservé des places pour un spectacle. **LE CIRQUE DU SOLEIL** est né au Québec en 1984. On a de la chance qu'il ne soit pas en tournée lors de notre passage à Montréal ! Ce n'est pas du cirque traditionnel avec des animaux et des clowns : il y a de la danse, des acrobaties, des couleurs, des effets visuels, sonores et multimédia… Une vraie œuvre d'art qui raconte une histoire. Papa et moi, on a adoré leur spectacle et on va suivre le calendrier de leurs tournées pour les revoir en France !

UN PEU DE FOOTBALL CANADIEN / AMÉRICAIN

Nicolas et maman sont allés voir un match des **ALOUETTES**, l'équipe de football canadien de Montréal. Je n'ai pas tout compris quand ils ont essayé de m'expliquer les règles du jeu… Ce que j'ai retenu, c'est qu'il faisait très chaud dans le stade et que chaque équipe a douze joueurs !

Coucher de soleil au Mont-Royal

Pour la fin de la journée, on se dirige vers le **MONT-ROYAL**, la montagne de Montréal. C'est un immense parc dont le sommet a été aménagé pour observer tout le centre-ville. Les escaliers sont vraiment très raides ! On croise à peu près autant d'écureuils que d'humains et, 525 marches plus tard, la vue nous console de nos efforts.

ÉCUREUIL
SQUIRREL

ZOOM CANADA

À QUOI JOUENT LES CANADIENS ?

♥ La crosse

C'est le sport national d'été. Deux équipes cherchent à marquer des buts avec une balle en caoutchouc et une crosse (un bâton pourvu d'un filet qui sert à attraper, porter et se passer la balle). Un match de compétition se joue en quatre manches de vingt minutes sur un terrain de 100 mètres de long sur 55 de large.

♥ Le hockey sur glace

Le hockey est le sport national d'hiver du Canada. C'est une véritable obsession. Les plus grosses équipes nord-américaines font partie de la Ligue nationale de hockey (LNH). À la fin de la saison, les meilleures d'entre elles continuent la compétition pour gagner la prestigieuse coupe Stanley.

Les équipes canadiennes qui font partie de la LNH sont les Maple Leafs de Toronto, les Canadiens de Montréal, les Flames de Calgary, les Oilers d'Edmonton, les Sénateurs d'Ottawa, les Jets de Winnipeg et les Canucks de Vancouver.

Au niveau international, les hockeyeurs canadiens ont remporté 9 fois la médaille d'or aux Jeux olympiques d'hiver et 27 championnats du monde. Quant aux hockeyeuses, elles ont le record de médailles d'or aux Jeux olympiques (dont celle des Jeux de 2022) et ont gagné 12 Championnats du monde en vingt et un ans !

WHAT SPORTS DO CANADIANS PLAY?

♡ Le baseball

C'est un sport d'été très social au Canada : on va voir des matchs avec ses amis pour manger un hot-dog et discuter tout en regardant plus ou moins attentivement l'action sur le terrain. L'équipe la plus connue du pays, ce sont les Blue Jays (les geais bleus) de Toronto qui jouent dans la ligue américaine. D'autres équipes nationales sont en compétition dans la ligue canadienne.

♡ Le basketball

Ce sport a été inventé aux États-Unis, en 1891, par un Canadien : le docteur James Naismith. Aujourd'hui, les Raptors de Toronto sont la seule équipe canadienne à participer à la NBA, la prestigieuse ligue nord-américaine. Ils ont d'ailleurs remporté le championnat en 2019.

♡ Le curling

C'est le sport préféré des Canadiens, qui le pratiquent beaucoup et détiennent le record de médailles aux Jeux olympiques : ils en ont remporté 11 depuis 1998, dont 6 en or.

Inventé en Écosse, en 1541, le curling se joue entre deux équipes de quatre joueurs : deux balayeurs, un lanceur et un capitaine. Il faut lancer une pierre de 19 kilos pour qu'elle atteigne l'intérieur d'une cible ronde située à 35 mètres de distance afin de marquer des points. Les joueurs des deux équipes vont balayer la glace pour essayer de changer la trajectoire de la pierre, la faire tourner, accélérer ou ralentir.

3 OTTAWA, NOUS VOILÀ !

Pour arriver à notre nouvelle destination, nous reprenons le train en gare de Montréal. Un trajet de deux heures nous attend pour rejoindre **OTTAWA**, dans la province de l'**ONTARIO** (on change de province mais, en réalité, le Québec n'est pas très loin : juste de l'autre côté de la **RIVIÈRE DES OUTAOUAIS**).

LE CHOIX D'UNE CAPITALE

Ottawa est la capitale fédérale du Canada depuis 1857, à la suite d'une décision de la reine Victoria. Cette ville est située à mi-chemin entre plusieurs cités rivales : Toronto, Kingston, Montréal et Québec. C'est aussi la plus éloignée de la frontière : ce détail comptait, à l'époque, car les invasions américaines étaient fréquentes.

UNE VILLE TRÈS OFFICIELLE

Ottawa abrite le Parlement du Canada et de nombreux bâtiments gouvernementaux comme la résidence officielle du Premier ministre, la Cour suprême, la demeure du Gouverneur général et des dizaines de ministères. C'est aussi la capitale culturelle : la ville compte une cinquantaine de musées et de galeries d'art !

Des cookies célèbres

Après un déjeuner rapide au **MARCHÉ BY**, on décide de se balader dans les rues. Mais, avant de partir, on demande à un passant de nous photographier devant le panneau touristique 3D d'Ottawa. Pendant que l'on prend la pose, on remarque une longue file d'attente devant un magasin. On s'approche : il s'agit d'une boulangerie, le **MOULIN DE PROVENCE**. Lors d'une visite diplomatique, Barack Obama a rendu célèbres leurs biscuits en forme de feuille d'érable et, depuis, les biscuits portent son nom et la production quotidienne est épuisée chaque jour !

OTTAWA, HERE WE ARE!

L'ONTARIO

DAY 9 | JOUR 9

C'EST JOUR DE FÊTE À OTTAWA

Aujourd'hui n'est pas un jour anodin : on est le 1er juillet, c'est la fête nationale du Canada! On nous distribue des drapeaux dans la rue et les Ottaviens sont habillés en rouge ou en blanc. Nos pas nous mènent le long du **CANAL RIDEAU**, le plus vieux canal d'Amérique du Nord, toujours en activité. L'hiver, il se transforme en une patinoire géante, longue d'une dizaine de kilomètres. Ce matin, l'ambiance est vraiment bonne : il y a un marché fermier, les gens ont décoré les bateaux amarrés, et tout le monde se souhaite un *Happy Canada Day*.

UN TOUR AU MUSÉE

On se rend au **MUSÉE CANADIEN DE L'HISTOIRE**. Le bâtiment est austère mais il y a plein d'activités ludiques à faire pendant que les parents lisent les panneaux. Nicolas a été impressionné par les totems dans la Grande Galerie : certains sont aussi hauts qu'un immeuble de six étages! Moi, j'ai adoré le dôme du musée, qui est orné d'une peinture multicolore magnifique : *Étoile du matin*, d'Alex Janvier.

Une araignée géante en pleine rue!

Ottawa compte trop de musées pour tous les visiter, mais, ce qui est intéressant, c'est que l'art s'invite aussi dans la rue : des statues, des fresques… Devant le **MUSÉE CANADIEN DES BEAUX-ARTS**, il y a une immense statue de 10 mètres de haut en forme d'araignée! Papa la reconnaît tout de suite : c'est **Maman**, de Louise Bourgeois. Nicolas n'est pas très rassuré et a peur de faire des cauchemars. Quant à moi, je pense que je n'oublierai pas de sitôt cet arachnide géant!

ARAIGNÉE | SPIDER

3 TRAIN, ÉCUREUILS ET BEIGNETS

VERS LA PLUS GRANDE VILLE DU PAYS

Nous voilà de retour à la gare, mais, cette fois, notre train est à destination de **TORONTO**, la plus grande ville du Canada ! Le voyage dure entre quatre et cinq heures. J'avance la lecture d'*Anne*, pendant que le reste de la famille dort ou joue aux cartes…

On traverse des forêts, puis des champs, c'est très vert. À la gare de **KINGSTON**, on a le droit de sortir du train pour aller se dégourdir les jambes, mais il n'y a pas grand-chose à voir depuis les quais, à part des écureuils qui se poursuivent sur le bas-côté.

Les petites bêtes en ville

Originaires d'Europe, les écureuils ont été introduits au Canada il y a une centaine d'années. Roux, gris ou noirs ? La couleur de leur pelage change selon les régions, mais la réaction des Canadiens lorsqu'on leur parle de ces rongeurs est unanime : ils les détestent ! En effet, ces petits garnements rongent les câbles électriques et peuvent causer beaucoup de dégâts dans les maisons, les parcs ou les voitures. En ville, on croise également des ratons laveurs, qui se nourrissent de ce qu'ils trouvent dans les poubelles. À Toronto, il y en aurait une centaine par kilomètre carré ! La municipalité a même conçu des poubelles capables de résister à leur ingéniosité… et à leurs petites griffes. Il est interdit de nourrir la faune partout dans le pays, que ce soit en ville ou dans la nature. L'amende en cas de désobéissance peut être salée : de 300 à 10 000 dollars.

RATON LAVEUR
RACOON

TRAIN, SQUIRRELS AND DOUGHNUTS

DAY 10 — JOUR 10 — L'ONTARIO

TIM HORTONS

Tim Hortons, ou **TIM'S** de son petit nom, est un incontournable au Canada. C'est une chaîne de restauration rapide, présente partout, dans les dix provinces et les trois territoires.

Tout a commencé en 1964, avec l'ouverture d'un magasin de beignets à **HAMILTON**, en **ONTARIO**, par le joueur de hockey qui a donné son nom à l'enseigne, Tim Horton. Le succès a été immédiat et le magasin est très vite devenu une chaîne, qui compte désormais plus de 5 000 boutiques dans 15 pays.

Si ce sont les beignets (**doughnuts** en anglais, **donuts** en français) qui ont fait la popularité de Tim Hortons, aujourd'hui on peut aussi y trouver des soupes, sandwiches, bagels, viennoiseries et boissons, souvent dans des magasins ouverts 24 heures sur 24, 7 jours sur 7. Le slogan de la chaîne, qui orne chaque gobelet et chaque sac, c'est *Always Fresh!* (Toujours frais!).

Les chiffres sont parlants. Au Canada, 5 millions de cafés sont achetés chaque jour dans des Tim Hortons et 8 cafés sur 10 vendus au Canada le sont dans cette chaîne!

Les consommateurs ont dû développer un nouveau vocabulaire pour passer leurs commandes : ils se sont familiarisés avec le **regular**, un café avec un sucre et une dose de crème, et surtout avec le célèbre **double double**, un café avec deux sucres et deux doses de crèmes. À boire sans se presser car il est servi très, très chaud!

3 LA PLUS AMÉRICAINE DES VILLES

LE NEW YORK CANADIEN

Toronto est une sorte de petit New York : la plus haute tour d'habitation comporte 94 étages et certains immeubles ressemblent beaucoup à leurs équivalents américains, notamment le **GOODERHAM BUILDING**, qui rappelle le Flatiron ! En marchant, on aperçoit plusieurs taxis jaunes... On se dit que Toronto va vraiment trop loin dans l'imitation mais, en fait, il s'agit d'un tournage de film qui est censé se passer dans la « Grosse Pomme » !

GRIMPER SUR LA TOUR CN

Toronto et ses gratte-ciels sont impressionnants à voir depuis la **TOUR CN**. L'ascenseur à plancher de verre nous emmène en haut en seulement 58 secondes, à une vitesse de 22 km/h ! Si on était montés à pied, il aurait fallu grimper 1 776 marches, soit 144 étages... Nicolas dit qu'il en aurait été capable, mais je crois qu'il plaisante !

Marcher dans le vide

Dans la tour, des panneaux expliquent l'histoire de Toronto. Mais ce qui nous intéresse le plus, c'est la vue à 360° sur la ville et le plancher de verre : les passants en bas paraissent tout petits ! On voit aussi des gens harnachés passer, ils s'apprêtent à sortir à l'extérieur de la tour, pour marcher dans le vide. Quel drôle de loisir ! Cela me donne le vertige !

THE MOST AMERICAN CITY

L'ONTARIO

DAY 11 — JOUR 11

EMBARQUEMENT POUR LES ÎLES

Pour la suite du programme, on quitte Toronto... ou presque : on va prendre le ferry pour aller sur les îles !

Comme des gens y habitent toute l'année, les îles accueillent deux crèches, une école, une église ainsi qu'une caserne de pompiers. En revanche, il n'y a ni supermarchés ni voitures ! Quelques infrastructures sont destinées aux touristes : plages, clubs de yacht ou de voile, terrains de tennis et un parc d'attractions.

On a décidé de prendre le bateau en direction de la **POINTE EST** et de se déplacer ensuite à vélo, des locations étant disponibles un peu partout. C'est agréable de pédaler ! **LE LAC ONTARIO** est tellement grand qu'on croirait être au bord de la mer, avec de l'eau à l'infini.

La vue sur les gratte-ciels et la tour CN est vraiment belle et change à chaque virage. Au moment de repartir, à la **POINTE OUEST DE HARLAN**, on a la surprise de constater qu'il y a aussi un aéroport sur l'île ! Nicolas est tout excité de voir des avions décoller et atterrir juste sous ses yeux alors qu'on attend le ferry qui va nous ramener en ville.

RAIE — RAY

Un aquarium géant

Juste à côté de la tour CN, il y a une autre attraction un peu moins riche en sensations fortes : **L'AQUARIUM RIPLEY**. Il abrite plus de 20 000 créatures marines dans 5,7 millions de litres d'eau. La visite prend deux heures, les dix galeries sont très complètes et les 450 espèces présentées viennent de partout dans le monde. Notre moment préféré à tous a été la danse des raies, on n'en avait jamais vu d'aussi près !

LES ÎLES DE TORONTO — TORONTO ISLANDS

VÉLO — BIKE

3 DEUXIÈME JOUR À TORONTO

UN TOUR AU MARCHÉ

Cette nouvelle journée à Toronto promet d'être riche en découvertes. Notre premier arrêt est le **MARCHÉ ST-LAWRENCE**, où nous prenons le petit-déjeuner, avec bagels et sandwiches au bacon qu'on déguste sur la terrasse. Le marché est sur deux niveaux, avec 50 vendeurs de nourriture au rez-de-chaussée alors que les produits non alimentaires se trouvent au sous-sol. Ça sent bon, on passe de stand en stand et on discute avec le vendeur de fromages. Il nous explique qu'il y a près de deux cents ans, ce bâtiment abritait l'hôtel de ville de Toronto et... la prison !

UN QUARTIER HIPSTER

À quelques pâtés de maisons du marché St-Lawrence, un quartier original nous attend : **DISTILLERY DISTRICT**. Comme son nom l'indique, il s'agit du siège d'une ancienne distillerie de whisky. Le quartier compte quarante bâtiments historiques d'inspiration victorienne, dans un carré de dix rues. Aujourd'hui, on n'y fabrique plus d'alcool mais il y a des magasins, des restaurants, des cafés et des galeries d'art, ainsi que des logements. Le contraste entre les boutiques modernes et les briques rouges est vraiment intéressant et une drôle de statue (un alambic) rend hommage à l'origine du lieu.

SECOND DAY IN TORONTO

L'ONTARIO

DAY 12 — JOUR 12

UNE RENCONTRE DU NORD

Alors qu'on prend des photos devant de grandes lettres qui représentent le mot LOVE, une famille nous propose de nous photographier. Papa et maman se mettent à discuter avec eux : ils sont venus à Toronto pour voir un match des Blue Jays, leur équipe favorite. Ils habitent dans les **TERRITOIRES DU NORD-OUEST**. Ils nous parlent d'aurores boréales, de lacs géants, de bisons et de soleil arctique, ça a l'air extraordinaire !

LE TEMPLE DU SHOPPING

Malheureusement, la place dans nos valises est limitée et on ne peut pas faire autant de shopping qu'on le voudrait. Dommage, car les publicités à **DUNDAS SQUARE** (qui ressemble beaucoup à Times Square, à New York) sont vraiment alléchantes. On entre dans le **CENTRE EATON** pour jeter un œil, mais 235 boutiques, c'est trop : impossible d'en faire le tour !

BALADE À HYDE PARK

HYDE PARK est le plus grand parc public de Toronto. Tout y est possible : pêcher, patiner, voir une pièce de théâtre, jouer au tennis ou au baseball. Il y a même un zoo gratuit !

Du street art très mignon

Toronto est une ville qui regorge d'œuvres d'art, et **GRAFFITI ALLEY** est l'endroit idéal pour voir des artistes en pleine action. Située dans le quartier de la mode, entre **QUEEN STREET WEST** et **SPADINA**, cette ruelle qui court le long de trois pâtés de maisons est en perpétuelle évolution. Les poussins (réalisés par l'artiste **UBER5000**) s'invitent sur toutes les fresques. Nicolas a commencé à les compter mais a arrêté au bout d'une centaine !

LE MEILLEUR MOMENT POUR Y ALLER, C'EST LORS DE LA FLORAISON DES CERISIERS. FIN AVRIL OU DÉBUT MAI, PENDANT SEPT À DIX JOURS, LE PARC PREND DES ALLURES DE CARTE POSTALE.

CERISIER — CHERRY BLOSSOM TREE

3 LES CHUTES DU NIAGARA

UNE FRONTIÈRE NATURELLE

À 130 kilomètres de Toronto se trouve la huitième merveille du monde : les **CHUTES DU NIAGARA**. Vieilles d'environ 12 000 ans, elles sont séparées par la frontière : une partie est située au Canada (les **HORSESHOE FALLS**, les plus grandes) et l'autre aux États-Unis (les **AMERICAN FALLS** et les **BRIDAL VEILS FALLS**).

DES ATTRACTIONS PARTOUT !

Nous n'avons pas emporté nos passeports, donc il nous faudra rester du côté canadien aujourd'hui. Ce n'est pas grave, **NIAGARA FALLS** (le nom officiel de la petite ville) regorge d'activités. On se croirait dans un parc d'attractions ! Les immeubles sont ornés de néons géants et de statues de personnages de fiction, comme King Kong ou Frankenstein.

NIAGARA FALLS

L'ONTARIO
DAY 13   JOUR 13

ON SE MOUILLE

Pour aller au plus près des chutes, on a le choix entre une passerelle, un tunnel ou bien une croisière en bateau. On opte pour la dernière option, mais monter à bord du *Hornblower* ne se fait pas sans préparation : on nous donne un poncho rouge imperméable et le guide nous recommande de couvrir nos sacs, nos cheveux et nos appareils électroniques. Nicolas ne comprend pas pourquoi, car il y a un grand ciel bleu sans aucun nuage, donc il ne met pas sa capuche.

Un débit exceptionnel

Le nom Niagara vient du mot iroquois ONGUIAAHRA qui veut dire « bruit de tonnerre » et c'est exactement ça.: c'est assourdissant ! L'eau s'écoule au rythme de six millions de mètres cubes par minute, ce qui correspond à un million de baignoires remplies. Ça fait beaucoup d'eau !

PONCHO BLEU OU PONCHO ROUGE ?

Alors que le bateau avance vers les chutes, la brume s'épaissit et l'atmosphère se charge de gouttelettes. Très vite, l'eau dégouline sur nous. On serait trempés sans le poncho ! On est vraiment au pied de la chute du Fer-à-Cheval, c'est incroyable. On croise un autre bateau, dont les passagers sont vêtus d'un poncho bleu : ils ont embarqué du côté américain ! Le guide plaisante en disant que c'est pour reconnaître la nationalité d'un touriste qui tomberait à l'eau afin de le ramener sur le bon bateau.

DANS LA PEAU D'UN ÉCOLIER CANADIEN

ZOOM CANADA

♥ 11 ou 13 années obligatoires

La maternelle commence à l'âge de 5 ans, et, selon les provinces, l'école est obligatoire jusqu'à 16 ou 18 ans. Au Québec, les classes sont numérotées de 1 à 6 en primaire, puis les jeunes passent en secondaire 1, 2, 3, 4 et 5. Après le lycée, s'ils veulent continuer leurs études, ils doivent suivre deux ans de formation au CÉGEP (collège d'enseignement général et professionnel). Dans le reste du Canada, les classes vont de la 1re à la 12e année, et la fin des études secondaires est marquée par le prom, le bal de promo, une grande soirée dansante ! Les élèves ayant réussi leurs examens sont appelés des « finissants ».

♥ Bus scolaire : comme au ciné !

Un bus scolaire jaune vient chercher les élèves, soit à domicile, soit à un arrêt désigné près de chez eux, et les ramène à la fin de la journée. La couleur a été choisie en 1939, aux États-Unis, pour des raisons de visibilité et de sécurité. L'œil humain voit le jaune 1,5 fois plus vite que le rouge !

♥ Les casiers, le coin secret

À l'intérieur des écoles, on trouve des casiers (*lockers*) fermés avec des cadenas, où les élèves peuvent laisser leurs livres, cahiers, affaires de sport et manteau d'hiver pour la journée. Beaucoup de jeunes prennent le temps de les décorer avec des images ou d'y installer des étagères pour les transformer de façon unique.

♥ La tenue à l'école

Il n'y a pas d'uniformes dans les écoles publiques canadiennes, mais beaucoup d'écoles privées les exigent, sur le même modèle qu'au Royaume-Uni. En revanche, la majorité des élèves possèdent un sweat avec le nom de leur école ou à l'effigie d'une de ses équipes de sport.

IN THE SHOES OF A CANADIAN STUDENT

♡ Pas toujours de cantine

Dans les écoles canadiennes, les configurations sont diverses. Certaines autorisent les élèves à rentrer chez eux, d'autres leur permettent d'acheter à manger à la cafétéria. La majorité des élèves cependant mangent à l'école un repas qu'ils ont apporté le matin, contenu dans une *lunch box*. Soupes et sandwiches (dont le fameux PB&J, *peanut butter and jelly*, beurre de cacahuètes et confiture de raisin ou de fruits rouges) sont les mets les plus populaires mais certains parents n'hésitent pas à réaliser des œuvres d'art.

♡ Une notation différente

Les examens sont notés sur 100, et le pourcentage obtenu est ensuite transformé en lettre. Les équivalences varient selon les provinces, mais la meilleure note est A+ et la pire est F pour *Fail* (échec).

♡ En quelle langue ?

Au Canada, il est possible d'étudier tout en anglais, tout en français ou bien dans un mélange des deux langues. Dans ce dernier cas, selon les écoles, les élèves auront une semaine de cours dans une langue et puis l'inverse, ou bien certaines matières spécifiques seront enseignées en anglais et d'autres en français.

♡ Une relation moins formelle

Au Canada, on appelle en général son enseignant par son prénom, précédé de monsieur ou madame, et tout le monde se tutoie ! Les professeurs sont très positifs et encouragent les élèves à faire de leur mieux pour réussir malgré les difficultés.

4 AU CENTRE DU CANADA

DES DISTANCES ÉNORMES

Continuer le voyage en train entre Toronto et **WINNIPEG**, la capitale du **MANITOBA**, prendrait presque quarante heures, alors nous optons sans hésiter pour un vol intérieur! En avion, nous parcourons 2 000 kilomètres en seulement deux heures.

LE COIN LE PLUS BRANCHÉ

Nous commençons par visiter **LA FOURCHE**, un lieu historique où la **RIVIÈRE ASSINIBOINE** rencontre la **RIVIÈRE ROUGE** : les Autochtones y font du commerce depuis des millénaires. Maintenant, il y a un marché couvert avec des restaurants, des musées et des attractions. Les gens font même la queue pour se prendre en photo devant le panneau Winnipeg!

LES PANS SOMBRES DE L'HISTOIRE

Un bâtiment attire notre attention par son architecture particulière : c'est le **MUSÉE CANADIEN POUR LES DROITS DE LA PERSONNE**. En le visitant, on se rend compte que le Canada n'a pas toujours été un pays de tolérance et de bienveillance, et que certaines populations autochtones ont beaucoup souffert.

La véritable histoire de Winnie l'ourson

Winnie l'ourson n'est pas juste un personnage de dessin animé mais un vrai ours qui a inspiré l'auteur Alan Alexander Milne.
En 1914, à **WHITE RIVER**, en Ontario, le lieutenant Harry Colebourn entend dire qu'un chasseur a tué une ourse, laissant un bébé orphelin. Comme il était vétérinaire, il décide de récupérer l'oursonne et de la garder avec lui. Il la nomme Winnipeg en l'honneur de sa ville d'origine. Winnipeg devient Winnie, et elle suit son maître partout, jusqu'en Angleterre où le lieutenant finit par la laisser au zoo de Londres, avant de partir au front. Elle devait retourner au Canada après la fin de la Première Guerre mondiale, mais elle était tellement populaire que le zoo a souhaité la garder. C'est là que le fils de A. A. Milne s'est pris d'affection pour elle, ce qui a inspiré à son père l'idée du personnage de Winnie the Pooh.

AT THE CENTRE OF CANADA

LE MANITOBA

DAY 14 · JOUR 14

UN HÉRITAGE FRANCOPHONE

En sortant, on s'offre une brioche à la cannelle pour se remettre de nos émotions. De l'autre côté de la rivière, on aperçoit les ruines d'une cathédrale. Cela nous intrigue et on décide d'aller voir de plus près. On traverse l'**ESPLANADE RIEL** pour atteindre **SAINT-BONIFACE**, le plus grand quartier francophone de l'Ouest canadien. La cathédrale a brûlé en 1968 et son cimetière abrite de nombreuses tombes, dont celle de Louis Riel, le père fondateur de la province, qui s'est battu pour les droits des Métis, un peuple d'origine autochtone et européenne.

BRIOCHE À LA CANNELLE
CINNAMON ROLL

L'ART INUIT

À Winnipeg, on visite aussi **QAUMAJUQ**, un musée qui abrite la plus grande collection d'art inuit au monde. Les œuvres viennent principalement du **NUNAVUT**, la région la plus au nord du Canada. Un immense coffre-fort haut de plusieurs étages rassemble 5 000 sculptures, c'est très beau et impressionnant. On peut voir des animaux, des scènes de vie (chasse, pêche), des divinités…

Nunavut ou « Notre terre » dans la langue des Inuit

Le Nunavut est le dernier territoire à avoir rejoint la confédération canadienne. Situé au nord, il est peuplé à 83 % d'Inuits. Il y fait très froid l'hiver (de - 15 à - 40 °C), à cause de la proximité avec l'Arctique. Bien que la surface du Nunavut représente 20 % du pays, le territoire compte seulement 40 000 habitants (soit 0,1 % de la population).

4. LA CAPITALE DES OURS POLAIRES

UN LONG VOYAGE AUX BELLES RENCONTRES

Notre prochaine destination manitobaine est **CHURCHILL**. Pour y arriver, un voyage en train de deux jours nous attend. On a pris de quoi manger et s'occuper mais j'ai un peu peur de m'ennuyer. Le train traverse la forêt boréale, une immense zone de conifères qui est l'habitat de prédilection des orignaux. Et justement, nous avons la chance d'en voir un qui broute le long des voies… Le train a ralenti pour que nous puissions l'admirer le plus longtemps possible. Incroyable, ses bois mesurent au moins deux mètres d'envergure !

UNE EXPLOSION CHIMIQUE DE COULEURS

Notre premier soir dans le train, nous avons aussi la chance extraordinaire de voir des **AURORES BORÉALES** ! C'est Nicolas qui a remarqué en premier une lueur verte à l'horizon… jusqu'à ce que tout le ciel devienne multicolore.
Un de nos voisins nous explique ce phénomène : c'est le vent solaire qui souffle contre le champ magnétique terrestre et envoie des électrons dans l'air. Ces particules percutent celles qui sont présentes dans l'oxygène et d'azote, ce qui crée des photons, qui dégagent des éclats de lumière.
Les changements de couleur sont dus aux différences de hauteur dans l'atmosphère : un choc bas produira une lumière jaune ou verte alors qu'un choc plus haut créera du rouge.

Cerf, caribou, wapiti, orignal ?

Ces quatre espèces sont très communes au Canada. On les connaît aussi en Europe, mais sous d'autres noms : les caribous sont des rennes et les orignaux des élans. Ces cervidés vivent cependant dans des zones différentes. Le wapiti est un animal de montagne, par exemple.

THE POLAR BEAR CAPITAL

LE MANITOBA
DAYS 15 TO 17 — JOURS 15 À 17

DES OURS PARTOUT

Comme les ours sont omniprésents autour de Churchill, il est impossible d'aller se promener seuls. On doit toujours être accompagné par un guide et partir dans un véhicule spécial. On roule juste à côté des ours, c'est un peu comme un safari arctique ! On apprend que ces mammifères se déplacent en fonction de la fonte des glaces. En hiver, ils vivent sur la banquise et chassent les phoques à travers des trous dans la glace pour se nourrir.

LA COHABITATION AVEC LES OURS POLAIRES

Lorsque les ours s'aventurent dans la ville à la recherche de nourriture, ils sont repoussés avec des tirs en l'air ou bien attrapés pour passer la nuit dans la « prison des ours » avant d'être hélitreuillés loin de Churchill. La présence des ours influence beaucoup les habitants : par exemple, les voitures ne sont jamais verrouillées pour pouvoir offrir un refuge accessible rapidement en cas de rencontre avec un animal. Et le soir d'Halloween, les enfants ne doivent pas porter de costume blanc afin de ne pas être confondus de loin avec des ours.

OURS POLAIRE
POLAR BEAR

Dans la baie d'Hudson avec les bélugas

Les ours blancs ne sont pas les seules créatures à peupler Churchill. C'est aussi un endroit où des milliers de bélugas, des baleines blanches, viennent passer l'été. Puisqu'elles ne sont pas dangereuses, il est possible de s'en approcher : maman et moi, on choisit de faire une balade en kayak pendant que Nicolas et papa montent sur un paddle. Et, effectivement, le béluga est un animal curieux qui nage autour de notre embarcation ! C'est magique !

4 EN ROUTE VERS L'OUEST

AU REVOIR, CHURCHILL !

Nous prenons à nouveau l'avion pour rentrer à Winnipeg. C'est moins pittoresque mais plus rapide ! Le vol dure un peu plus de deux heures.

UNE MAISON SUR ROUES

Nous changeons ensuite de moyen de transport. Pour partir vers l'ouest et les **MONTAGNES ROCHEUSES**, nous avons loué un camping-car aménagé, « un véhicule récréatif » en français canadien ! Évidemment, il est bien plus grand que les petits camping-cars européens.

DÉCOUVERTES AU CAMPING

Dès le premier soir, on s'amuse bien au camping, en cuisinant le dîner sur un barbecue à gaz portatif et en mangeant assis sur des chaises en toile ! Nos voisins, sur le terrain d'à côté, sont originaires du Québec et ils nous font découvrir les **s'mores** : des chamallows cuits au feu de bois et placés dans un sandwich avec deux biscuits et du chocolat. On a adoré !

HEADING WEST

LE MANITOBA

DAYS 18, 19 — JOURS 18, 19

LA TRANSCANADIENNE

L'autoroute sur laquelle nous roulons est une des plus longues routes au monde. Elle permet de traverser tout le pays, pratiquement en ligne droite, sur une longueur de 7 476 kilomètres. Elle s'étend de **VICTORIA**, en **COLOMBIE-BRITANNIQUE**, jusqu'à **SAINT-JEAN**, à **TERRE-NEUVE**. Les deux villes se disputent d'ailleurs la possession du kilomètre zéro, le point de départ officiel de l'autoroute.

DES CHAMPS À PERTE DE VUE

On roule pendant des centaines de kilomètres, le paysage des prairies canadiennes s'étend à l'infini, sans aucun arbre à l'horizon. On ne voit que le ciel, qui paraît écrasant, et les champs. À perte de vue, une marée verte et jaune s'étend autour de nous : c'est du **canola**, la fleur dont les graines servent à fabriquer de l'huile. Cette plante, qui ressemble beaucoup au colza, est très largement cultivée au Canada, bien plus que le blé.

MARMOTTE / GROUNDHOG

Les jours fériés et les fêtes

Au Canada, il y a de nombreux jours fériés, mais ils sont différents selon les provinces. Parmi les jours fériés communs à tous, il y a le **1ᵉʳ JANVIER**, **PÂQUES**, la **FÊTE DU CANADA** (le 1ᵉʳ juillet), la **FÊTE DU TRAVAIL** (le premier lundi de septembre), l'Action de Grâce ou **THANKSGIVING** (le deuxième lundi d'octobre) et **NOËL**. Si un jour férié tombe un samedi ou un dimanche, il est automatiquement décalé au lundi !

Certaines provinces ont aussi leurs propres fêtes, comme le Québec, qui célèbre chaque année le **JOUR DE LA SAINT-JEAN-BAPTISTE**, le 24 juin, le Nunavut, qui consacre le 21 juin à la **JOURNÉE NATIONALE DES AUTOCHTONES**, ou encore Terre-Neuve-et-Labrador, qui commémore une bataille irlandaise datant de 1690 lors du **JOUR DES ORANGISTES**, chaque 12 juillet.

Enfin, certaines fêtes sont célébrées sans congés, comme le **JOUR DE LA MARMOTTE** (le 2 février, qui sert à prédire la fin de l'hiver), la **FÊTE DU DRAPEAU CANADIEN** (le 15 février) ou **HALLOWEEN**.

ON APERÇOIT QUELQUES ANIMAUX SUR LE BORD DE LA ROUTE, UN RENARD, QUELQUES BICHES, MAIS AUSSI DES ANTILOPES DES PRAIRIES !

PLATS CANADIENS TYPIQUES

ZOOM CANADA

♥ Le pâté chinois

Ce plat ressemble à du hachis parmentier avec, dans l'ordre, une couche de bœuf haché, une de maïs et une de purée de pommes de terre. Le tout est cuit au four et servi avec du ketchup. Sacré « mets national du Québec » par le quotidien montréalais *Le Devoir*, en 2017, ce plat a une origine incertaine. L'histoire la plus courante, c'est que le pâté chinois aurait été inventé dans la ville de South China, dans le Maine, aux États-Unis, où de nombreux Canadiens français vivaient. L'autre hypothèse veut que les ouvriers chinois qui travaillaient à la construction du chemin de fer aient inventé ce pâté. Mais, comme à l'époque ces ingrédients ne se trouvaient pas facilement, cette thèse est moins plausible.

♥ La bannique/le bannock

La recette de ce petit pain plat a été apportée en Amérique du Nord par les colons britanniques, et la bannique est devenue un mets très commun chez les Premières Nations. Pour en faire, il suffit de pétrir de la farine, du saindoux, du sel et de l'eau. On peut le mettre au four, mais c'est encore meilleur cuit au feu de bois. Les différentes tribus ont mis au point des variantes, comme l'utilisation de farine de maïs ou même de lichen. Cependant, la bannique est aujourd'hui controversée, car elle rappelle aux peuples autochtones la colonisation européenne qu'ont subie leurs ancêtres.

TRADITIONAL CANADIAN DISHES

♥ La tourtière

Cette tourte à la viande est répandue dans toutes les cuisines du monde. La version canadienne apparaît pour la première fois dans un livre de cuisine en français, en 1840, dans une recette à base de porc, de veau, de mouton et de pommes de terre. Maintenant, chaque famille a ses propres traditions et ajoute les viandes de son choix, mais deux éléments sont constants : c'est un plat qui se déguste le 24 décembre, et les épices (cannelle, clou de girofle, noix de muscade et poivre de Jamaïque) y sont indispensables !

♥ La queue de castor

Contrairement à ce qu'on pourrait penser, c'est un dessert ! Son nom viendrait de sa forme ovale. Ce beignet de blé entier est frit, puis recouvert soit de pâte à tartiner, soit de sucre et de cannelle. Mais les boutiques spécialisées les proposent aujourd'hui avec une grande variété de garnitures ! Les premières queues de castor seraient apparues sur un marché en Ontario, en 1978, vendues par une famille qui utilisait la recette de sa grand-mère allemande. La première boutique dédiée à ce dessert a ouvert à Ottawa, en 1980. Dans l'esprit des Canadiens, c'est la gourmandise parfaite à savourer après une session de patinage sur une rivière gelée !

4 SOUS LE CIEL DE LA SASKATCHEWAN

UNE PROVINCE AGRICOLE

Changement de décor, nous passons en **SASKATCHEWAN**. Cette province est connue pour son agriculture et ses ressources naturelles, comme la **potasse**, un minerai qui sert à fabriquer de l'engrais.

DU PÉTROLE

Le long de l'autoroute, on voit de drôles de machines dans les champs qui font un mouvement de balancier. Elles sont en fait installées dans des puits de **pétrole** et servent à extraire l'or noir.

D'autres structures en mauvais état aperçues sur la route nous intriguent : ce sont des sortes de réservoirs en bois peint, avec ce qui semble être des noms d'entreprises et de localités inscrits dessus, et des rails qui passent à l'intérieur. Il s'agit en fait d'élévateurs à grains. C'est là que les fermiers venaient stocker leurs récoltes avant qu'elles ne soient envoyées par train dans certains ports du Canada pour ensuite être exportées dans le monde entier.

> LA SASKATCHEWAN EST LE CINQUIÈME PRODUCTEUR DE PÉTROLE EN AMÉRIQUE DU NORD ET LE DEUXIÈME AU CANADA.

LA VILLE-REINE

REGINA, la capitale de la Saskatchewan, est une petite ville agréable à parcourir à pied. Elle tire son nom du mot latin qui signifie « reine », car c'est Victoria qui régnait en Angleterre au moment où Regina est devenue officiellement une ville, en 1903.

UNDER THE SASKATCHEWAN SKY

LA SASKATCHEWAN

DAY 20 — JOUR 20

RENCONTRE AVEC LA POLICE

Nous commençons notre visite de Regina par un musée et une école de formation, le **CENTRE DU PATRIMOINE DE LA GENDARMERIE ROYALE DU CANADA**. Ce corps policier a vu le jour en 1873 pour faire appliquer la loi dans les nouvelles provinces qui avaient rejoint le pays et créer des liens avec les Premières Nations. On pensait que les policiers canadiens se déplaçaient à cheval, car ils sont appelés « la police montée », mais aujourd'hui, ils utilisent des moyens de transport modernes. D'ailleurs, dans le musée, les parents et Nicolas se sont bien amusés à piloter le simulateur de conduite d'une voiture de police !

Une tarte qui mérite le détour

On passe aussi devant le Palais législatif, qui abrite le **PARLEMENT DE LA SASKATCHEWAN** et, pour le goûter, on mange une part de tarte aux baies d'amélanchier, qui sont comme des myrtilles mais plus sucrées. C'est délicieux !

BAIES D'AMÉLANCHIER
SASKATOON BERRIES

Le reste de l'après-midi, on flâne dans le **PARC WASCANA**, qui est deux fois plus grand que Central Park, à New York. Situé en plein centre-ville, il abrite des tortues, des oiseaux et plusieurs activités amusantes comme le *disc golf*, un genre de golf mais avec des frisbees ! Un couple en train de jouer nous laisse faire quelques lancers, maman est vraiment douée !

4 LE PARC NATIONAL DES PRAIRIES

UN DRÔLE DE DÉCOUPAGE

Le **PARC NATIONAL DES PRAIRIES**, dont le but est de protéger la flore propre à cette région (de hautes herbes mixtes caractéristiques du climat semi-aride), est divisé en deux : la partie est et la partie ouest. Pour cette première journée d'exploration, on commence par la partie est.

LES BADLANDS ET LEURS DANGERS

Le paysage est très différent de tout ce qu'on a vu jusque-là, il y a beaucoup de dunes sans aucune végétation, c'est presque désertique. La petite randonnée que nous faisons semble facile sur le papier mais, au détour du sentier, on tombe sur des panneaux nous avertissant de faire attention aux sables mouvants, aux serpents à sonnette et aux veuves noires, ces araignées qui aiment se tapir dans les endroits sombres et humides ! On ne pensait pas que ce serait si dangereux... Mais, heureusement, notre balade se passe sans mauvaises rencontres.

Le meilleur endroit pour voir les étoiles

La Société royale d'Astronomie du Canada a désigné le Parc national des Prairies comme « une réserve de ciel étoilé », c'est-à-dire un endroit particulièrement propice à l'observation des étoiles. Comme le parc est vraiment isolé, c'est la réserve qui souffre le moins de la pollution lumineuse. Et, en effet, dès la nuit tombée, le ciel est absolument magnifique.

UNE NUIT DANS UNE TENTE PAS COMME LES AUTRES

Pour la nuit, on fait du **glamping** (contraction entre « glamour » et « camping ») ! Cela veut dire que nous dormons dans une yourte tout confort, qui comporte de vrais lits, un poêle pour se chauffer, un canapé, une table et des chaises. Mais il nous faut quand même nos sacs de couchage !

GRASSLANDS NATIONAL PARK

LA SASKATCHEWAN

DAYS 21, 22 — JOURS 21, 22

RENDEZ-VOUS AVEC LES BISONS

Pour notre deuxième journée dans le parc, on se dirige à deux heures de là, vers le bloc ouest. Sa particularité, c'est qu'il abrite plus de 300 bisons en liberté. D'ailleurs, quelques instants à peine après notre entrée dans le parc, un troupeau traverse la route devant nous ! Impressionnant !

TOUT PROCHES DES BISONS

Ce sont des **bisons des prairies** et on lit dans le petit guide qu'on a récupéré qu'il faut faire « le test du pouce » pour savoir si on est à bonne distance d'eux : tendre le bras devant soi et lever le pouce en l'air en visant le bison. L'animal doit être dissimulé par le doigt. Si on le voit toujours… c'est qu'on est trop près !

Une espèce qui a failli disparaître

Soixante millions de bisons parcouraient le continent américain en 1800 mais, moins d'un siècle plus tard, il en restait à peine un millier car ils ont été chassés pour leur peau et parce que les plaines ont été transformées en terres agricoles. Il a fallu beaucoup de temps aux naturalistes pour les réintroduire, et il est désormais possible d'en voir dans les parcs nationaux du Manitoba, de la Saskatchewan et de l'Alberta.

5 JURASSIC PARK AU CANADA

LE PARC DES DINOSAURES

Nous continuons notre route vers le nord-ouest, pour visiter le Parc des Dinosaures, qui se situe en **ALBERTA** et est inscrit au patrimoine mondial de l'Unesco. Les champs et les plaines des Prairies ont laissé place à un paysage vallonné, rocailleux et désertique : les **BADLANDS**.
On se croirait presque sur la planète Mars !
Ces reliefs spectaculaires abritent la plus grande réserve au monde de fossiles de dinosaures !

BALADE AU MILIEU DES FOSSILES

On choisit de faire une visite avec un guide car il a le droit de nous emmener sur un sentier interdit au public, où un squelette de dinosaure est en cours d'excavation par des paléontologues. On n'a pas pu les aider, malheureusement, mais on a pu toucher des fossiles vieux de 75 millions d'années !
J'en ai encore des frissons.

Flore et faune surprenantes

Le long des sentiers, on trouve beaucoup de cactus à fleurs et de la sauge, qui sent très bon (c'est une plante médicinale sacrée pour les Premières Nations). Papa nous jure qu'il a aperçu un serpent au loin, qui est allé se dissimuler sous une pierre. Je préfère ne pas trop y penser… Je déteste les serpents !

JURASSIC PARK IN CANADA

L'ALBERTA

`DAY 23` `JOUR 23`

CACHE-CACHE AVEC LES DINOSAURES

La ville de **DRUMHELLER** est la capitale mondiale des dinosaures. Il y en a absolument partout : en statues, sur les trottoirs, dans les noms de rues ou de magasins, sur les fresques murales, en trompe-l'œil sur les immeubles ou les fenêtres… Il y a même la plus grosse statue de T-Rex au monde : 26 mètres de haut !

UN TOUR AU MUSÉE

La ville abrite le **MUSÉE ROYAL TYRRELL** de paléontologie. C'est une visite vraiment passionnante ! Les fossiles sont tous parfaitement conservés et des dinosaures entiers sont reconstitués. On peut même voir les paléontologues travailler en direct sur de vrais ossements.

AMBIANCE FAR WEST DANS UN CANYON

Pour finir la journée, nous nous dirigeons vers le **CANYON HORSESHOE**, le plus impressionnant de la région. On peut même y descendre pour observer les murs de pierre de plus près ! Les roches ont plusieurs couleurs : le brun, à la base, date de l'époque où le climat dans cette zone était froid et sec, le gris et le noir, plus haut, témoignent de la période où la région abritait des zones humides. Ces changements climatiques ont eu lieu il y a 70 millions d'années !

DINOSAURE / DINOSAUR

Des champignons étranges

DRUMHELLER est aussi célèbre pour ses formations rocheuses. Tous les gens avec qui nous avons discuté nous ont recommandé d'aller voir les **hoodoos** (cheminées de fée), ces roches de grès orange et jaune qui finissent par ressembler à des champignons à cause de l'érosion. C'est vraiment amusant de les observer sous toutes les coutures.

5 L'ALBERTA, PAYS DE LA ROSE SAUVAGE

CALGARY, SES COW-BOYS ET SON RODÉO

Notre étape suivante, c'est **CALGARY**. La ville est célèbre… pour ses cow-boys! On arrive en plein *stampede* : une compétition de rodéo qui a lieu dans le stade municipal. D'ailleurs, ce dernier est en forme de selle de cheval! Tout le monde est déguisé comme dans un western, c'est vraiment drôle.

Une fleur à l'honneur

La fleur officielle de l'Alberta est la rose sauvage. Ici, toutes les plaques d'immatriculation contiennent donc ce symbole et la devise de la province est « Pays de la rose sauvage ».

LE RODÉO, UN SPECTACLE ÉPOUSTOUFLANT

La compétition dure dix jours, avec des épreuves comme la montée à cru (les cavaliers doivent tenir au moins huit secondes sans tomber d'un cheval sans selle!), la prise au lasso, la course de barils, qui consiste à slalomer le plus rapidement possible entre des tonneaux et, bien sûr, la chevauchée à dos de taureau. C'est comme dans un film de cow-boys!

ALBERTA, WILD ROSE COUNTY

DAYS 24, 25

L'ALBERTA

JOURS 24, 25

UNE MÉTÉO D'EXCEPTION

Nos voisins dans le stade sont calgariens. Ils nous vantent les mérites de leur ville, qui a plus de 330 jours de soleil par an. Ils nous expliquent aussi le rôle du **chinook**, un vent qui descend des montagnes et qui est capable de faire remonter les températures de 20 degrés en quelques heures, ce que les locaux apprécient tout particulièrement en hiver !

PROCHAIN ARRÊT : LES ROCHEUSES

On reprend la route car les montagnes nous appellent et, rapidement, on les aperçoit à l'horizon lorsqu'on quitte Calgary en direction de l'ouest ! Alors qu'on s'approche de **CANMORE**, dernière ville avant le **PARC NATIONAL DE BANFF**, on voit notre premier panneau avertissant qu'on entre dans le pays de l'ours ! Personne n'ose avouer qu'on a à la fois envie et peur d'en voir un en vrai...

Des villes de science-fiction

L'Alberta compte deux villes assez originales : **VULCAN** et **SAINT-PAUL**.
Vulcan a misé sur la franchise Star Trek : l'office du tourisme ressemble à un vaisseau spatial et, partout en ville, il y a des statues, des fresques murales et des inscriptions en klingon sur l'univers de Monsieur Spock.
Saint-Paul, quant à elle, possède une piste d'atterrissage officielle pour OVNIS, la première mondiale, qui a été inaugurée pour les 100 ans du Canada, en 1967. Il s'agit d'une plateforme surélevée, construite avec des pierres de chaque province et territoire. Pour l'instant, elle n'a jamais été utilisée !

LE CANADA AUJOURD'HUI

♡ Quelques chiffres clés :

- population : 40 millions d'habitants
- 23 % de la population canadienne n'est pas née au Canada
- 90 % des Canadiens vivent à moins de 150 kilomètres de la frontière avec les États-Unis
- plus de 200 langues sont parlées par la population
- 2 langues officielles : le français et l'anglais
- Toronto est la ville la plus peuplée, son agglomération compte 6 millions d'habitants
- 5 % des Canadiens sont Autochtones, Métis ou Inuit
- L'âge moyen des habitants est de 42 ans
- plus de 50 % des gens ont un diplôme universitaire.

♡ Un pays peu peuplé

Le Canada est le quatrième pays le moins peuplé au monde. En raison de sa taille et de la nature du territoire, 81 % des Canadiens vivent en ville. La densité de population à l'échelle nationale est de seulement 4 habitants au kilomètre carré. C'est dix fois moins qu'aux États-Unis et trois fois moins que dans l'Union européenne !

♡ Le multiculturalisme au cœur de la société

Le Canada a une loi sur le multiculturalisme qui encourage les citoyens à pratiquer leurs cultures, religions et langues d'origine dans le respect

CANADA TODAY

de la législation. Ainsi, les policiers ou les militaires peuvent porter des signes religieux, comme le turban, avec leur uniforme réglementaire.

♡ La dualité linguistique

En ce qui concerne l'anglais et le français, un Canadien sur cinq se considère comme bilingue, c'est-à-dire capable de communiquer dans les deux langues. Le Québec est la seule province francophone, mais des anglophones y vivent aussi, et il y a des communautés qui parlent français dans toutes les provinces et territoires. Lorsque l'on est en contact avec les services du gouvernement fédéral, comme par exemple pour obtenir un passeport, des prestations chômage ou un congé maternité, on peut utiliser la langue de son choix. Au niveau provincial ou municipal, la langue d'échange dépend de l'endroit où l'on se trouve.

♡ Le casse-tête des mesures

Les Canadiens mélangent le système métrique et le système impérial selon leurs besoins. Les limites de vitesse et les distances routières sont indiquées en mètres, mais la taille se donne en pieds et en pouces. On mesure les ingrédients pour cuisiner en *cups* et en onces, mais les poids sont inscrits en livres (une livre = 454 grammes). Enfin, les degrés Celsius sont utilisés pour la température extérieure, mais pour la cuisine, ce sont les Fahrenheit ! De quoi devenir chèvre !

5 LES SURPRISES DU PARC DE BANFF

LA CRÉATION DU PARC NATIONAL

Ça y est, on est dans les **MONTAGNES ROCHEUSES** ! On commence notre périple par une journée à **BANFF**, le premier parc national du Canada. Trois ouvriers de la compagnie de chemin de fer, qui cherchaient de l'or, ont découvert des sources chaudes et ont voulu les acheter. C'est cette requête qui a amené le gouvernement fédéral à établir le parc officiellement, en 1885, pour préserver le site.

La rue principale de Banff regorge de boutiques et de restaurants. On achète quelques souvenirs, et maman se laisse tenter par un thé à la rose d'Alberta, chez **BANFF TEA AND CO**, qu'elle sirote pendant qu'on continue notre lèche-vitrine.

PREMIÈRE RANDONNÉE

La première randonnée sur laquelle nous jetons notre dévolu se situe juste à l'extérieur de la ville de Banff. C'est le sentier du **MONT-SULPHUR**. Le parcours fait 11 kilomètres aller-retour, ce qui peut sembler raisonnable, mais, en fait, il faut grimper une montagne, donc c'est plutôt ardu !

Alors qu'on avance avec plus ou moins de chamailleries entre nous, on aperçoit un ballet de petites nacelles au-dessus de nos têtes. Quoi ! On aurait pu prendre le téléphérique jusqu'en haut ! Et il nous aurait fallu seulement dix minutes pour monter à 2 300 mètres. Les parents se sont bien gardés de nous le dire...

SURPRISES IN BANFF

DAYS 26, 27 | JOURS 26, 27 | L'ALBERTA

LE PIC SANSON

En haut, les panneaux nous apprennent que ce lieu a été découvert par un météorologue, Norman Sanson, qui a fait l'ascension tous les jours pendant trente ans pour faire des relevés. La dernière fois qu'il a grimpé, c'était en 1945 alors qu'il avait 84 ans ! Du coup Nicolas et moi, on décide d'arrêter de se plaindre qu'on est fatigués… Mais papa et maman voient nos mines déconfites et proposent qu'on descende en téléphérique. C'est tellement plus reposant !

POUR FINIR CETTE PREMIÈRE JOURNÉE DANS LE PARC, DIRECTION LES SOURCES CHAUDES ! L'EAU SORT DE LA TERRE DIRECTEMENT À 38 °C. CELA DÉTEND LES MUSCLES !

LEVER DE SOLEIL FÉÉRIQUE

Le lendemain, on met le réveil très tôt pour aller voir le soleil se lever sur le **LAC MORAINE**. Le réveil est dur mais cela vaut la peine. C'est un vrai paysage de carte postale : l'eau est turquoise et les montages s'y reflètent.

COUP DE PAGAIE SUR LAC LOUISE

Ensuite, on se dirige vers l'emblématique **LAC LOUISE**, nommé ainsi en l'honneur de la quatrième fille de la reine Victoria. Le château qui apparaît sur le bord est en fait un hôtel de luxe. On loue deux kayaks, on met des gilets de sauvetage et on s'amuse à pagayer au milieu des touristes, c'est drôle !

Ours noir ou grizzli ?

Le parc de Banff abrite de nombreux ours, qui ne sont pas forcément faciles à différencier. Les ours noirs peuvent avoir un pelage brun. Ils sont plus petits que les grizzlis et ont le museau allongé.
Les grizzlis, eux, sont plus imposants et plus dangereux pour l'homme. Ils ont un pelage plutôt brun, avec une bosse caractéristique sur le haut du dos et de petites oreilles rondes. Pour éviter d'en croiser sur un sentier, il faut parler fort, chanter ou faire du bruit pour les avertir d'une présence humaine !

5 AU CŒUR DES ROCHEUSES

UNE DES PLUS BELLES ROUTES DU MONDE

La promenade des Glaciers, ou **ICEFIELDS PARKWAY** en anglais, est une route de 232 kilomètres qui relie les parcs nationaux de Banff et **JASPER**. Elle traverse une centaine de glaciers, des canyons, et des lacs, le tout peuplé d'animaux sauvages. On va y passer la journée !

DES LACS ET DES CASCADES

Le **LAC PEYTO** est le premier arrêt : il a une couleur turquoise pure. On a aussi beaucoup aimé la « paroi en pleurs », un grand mur de pierre avec des petites cascades qui ressemblent à des larmes, ainsi que les impressionnantes **CHUTES ATHABASCA** !

Des glaciers qui disparaissent

Le **CHAMP DE GLACE COLUMBIA** est le plus grand des **ROCHEUSES CANADIENNES**, avec une superficie totale d'environ 300 kilomètres carrés. Même en été, il est couvert de glace et de neige. Un randonneur nous explique qu'un glacier se forme seulement à un endroit où il tombe plus de neige en hiver qu'il n'en fond en été. Cependant, la glace n'est pas figée, elle fond doucement et s'écoule dans plusieurs fleuves jusqu'à l'océan Pacifique, l'océan Atlantique et l'océan Arctique.
Il y a des petits marqueurs qui indiquent jusqu'où allait le glacier dans le passé. En moyenne, il rétrécit de 5 mètres par an, c'est beaucoup, et ça nous fait tous réfléchir…

DEEP INSIDE THE MOUNTAINS

DAY 28 — **L'ALBERTA** — **JOUR 28**

MOUFLON / BIGHORN SHEEP

Le paradis de la randonnée

Jasper étant situé dans le parc national du même nom, il y a des dizaines de départs de randonnées au sein même de la ville. On découvre le coin de **PYRAMID LAKE**, avec sa petite île prisée par les photographes, mais aussi le **VIEUX FORT** où les mouflons se dorent au soleil, entourés de fleurs appelées des « pinceaux indiens », d'après l'application d'identification des plantes que maman a sur son téléphone.

DES MOUTONS CORNUS

Sur le bord de la route, on croise de drôles de bêtes à cornes qui ressemblent à des moutons. Ce sont des **mouflons**. Pour reconnaître les mâles des femelles, il faut regarder leurs cornes. Chez les femelles, elles sont en forme de petits sabres, légèrement recourbées, alors qu'un mâle a des cornes incurvées qui rappellent des coquilles d'escargot !

DES WAPITIS PAS SI GENTILS

À la fin de la route, nous voici arrivés dans la ville de Jasper. Il y a des **wapitis** partout et des panneaux qui indiquent de ne pas s'en approcher, surtout s'il s'agit de femelles qui viennent d'avoir leurs petits. C'est bien noté ! Au Canada, on se rend compte que les animaux ne sont pas tous mignons, ils peuvent aussi être dangereux.

DIRECTION LES THERMES !

On a tellement aimé les bains de Banff qu'on a décidé de tester aussi ceux de Jasper : les **SOURCES THERMALES DE MIETTE**. L'eau sort de la montagne à 54 °C puis est refroidie à 40 °C avant d'arriver dans les bassins. C'est vraiment agréable de se prélasser dans l'eau chaude avec la vue sur la montagne. En repartant des bains, on a vu un ours noir ! Il a traversé la route devant nous, comme si de rien n'était, avant de pénétrer plus profondément dans la forêt. On n'a pas eu le temps de le prendre en photo, mais ce n'est pas grave, cette image est ancrée dans notre mémoire pour toujours !

WAPITI / ELK

ZOOM CANADA

LES PREMIÈRES NATIONS

♡ Un Autochtone, c'est quoi ?

Le terme « Autochtones » désigne les premiers peuples d'Amérique du Nord et leurs descendants. La Constitution canadienne reconnaît trois groupes :
- Les Premières Nations (on n'utilise plus le terme « Indien », qui est jugé dépréciatif)
- Les Inuit (au Canada, on dit « un Inuk » et « des Inuit »)
- Les Métis

♡ Deux exemples de symboles autochtones

Les **totems** sont utilisés par certaines tribus de l'ouest et servent à raconter l'histoire d'une famille et les événements qui l'ont marquée à travers des gravures très visuelles de visages ou d'animaux, qui ont une symbolique propre.

Les **inukshuks** sont des sculptures formées de pierres empilées de façons précises et utilisées par les Inuit pour communiquer dans l'Arctique. Par exemple, une certaine construction va indiquer que quelque chose a été dissimulé, ou bien dans quelle direction se trouve une horde de caribous. Dans la tradition inuite, il est interdit de les détruire une fois construits.

♡ Des enfants enlevés à leurs parents

Jusque dans les années 1990, les enfants autochtones n'étaient pas autorisés à vivre dans leur famille avec leurs parents : ils étaient envoyés dans des internats gérés par des religieux pour y suivre un programme scolaire strict, basé sur l'anglais, la foi et les travaux manuels. Ils n'avaient pas le droit de pratiquer leurs rites ou religion, ni de parler leur langue.

THE FIRST NATIONS

Leurs conditions de vie étaient très difficiles, car ils souffraient de nombreuses maladies et subissaient des abus sexuels de la part du personnel religieux. Beaucoup d'enfants sont morts ou revenus traumatisés par cette expérience. Le gouvernement canadien est aujourd'hui très critiqué pour avoir participé au financement de ces écoles résidentielles.

♡ La journée du chandail orange

Le gouvernement canadien a instauré une journée de vérité et de réconciliation, pour revenir sur les erreurs du passé, notamment les pensionnats, et avancer vers la réconciliation. Le 30 septembre, il est recommandé de porter un T-shirt ou un pull orange. C'est une référence à l'histoire vraie de Phyllis Webstad : sa grand-mère lui avait offert un T-shirt (chandail en français canadien) neuf pour sa première journée d'école, mais, une fois arrivée dans l'établissement, le personnel le lui a confisqué et l'a obligée à porter l'uniforme réglementaire. Son haut ne lui a jamais été rendu. Le chandail orange est aujourd'hui un symbole de soutien aux survivants des pensionnats.

♡ La réconciliation ne fait que commencer

Depuis 2015, les Premières Nations commencent à obtenir plus d'autonomie vis-à-vis du gouvernement fédéral et essayent de faire revivre leurs langues et traditions. Les pow wows, de grands rassemblements qui permettent de pratiquer les danses traditionnelles, sont de plus en plus populaires et l'apprentissage des langues comme le cri, l'innu, l'ojibwé, le micmac ou le tlicho se développe.

ON EXPLORE VANCOUVER

VANCOUVER, VILLE DE LA PLUIE

Mille kilomètres séparent les **ROCHEUSES** de **VANCOUVER**, alors nous prenons l'avion pour gagner un peu de temps. À bord, le pilote fait une blague : il annonce « Welcome to Raincouver! ». On ne comprend pas pourquoi il a dit ça jusqu'à ce qu'on regarde par le hublot : il pleut des cordes ! De fait, cette ville peut compter jusqu'à 200 jours de précipitations par an.

GASTOWN ET SON HORLOGE

On commence par se promener dans le plus vieux quartier de Vancouver, **GASTOWN**. Les rues sont pavées, l'architecture y est victorienne, on se croirait de retour dans les années 1880. Les lampadaires sont vintage, tout comme **l'horloge à vapeur** qui se dresse à l'angle de Cambie et de Water Street. Elle a été construite en 1977 sur une bouche de vapeur du chauffage urbain et fonctionne à moitié à l'eau et à moitié à l'électricité.

Une spécialité de Vancouver

Pour se mettre à l'abri de la pluie, on entre dans un **coffee shop**. Maman est ravie par l'odeur des grains de café en train d'être torréfiés, mais nous, comme on n'aime pas ça, on ne sait pas quoi prendre. La serveuse nous recommande un **London Fog**. Contrairement à ce que son nom laisse croire, cette boisson n'est pas originaire d'Angleterre mais de Vancouver. Elle se prépare à base de thé Earl Grey, de lait chaud et de vanille. C'est sucré et réconfortant par le temps qu'il fait.

ALORS QU'ON LA PREND EN PHOTO, L'HORLOGE SE MET À SONNER ET NOUS FAIT TOUS SURSAUTER. C'ÉTAIT VRAIMENT AMUSANT ! DES BOUFFÉES DE VAPEUR SORTENT DE L'HORLOGE AU RYTHME DE LA MUSIQUE DU CARILLON, SEMBLABLE À CELLE DE BIG BEN.

LET'S EXPLORE VANCOUVER

LA COLOMBIE-BRITANNIQUE

DAYS 29, 30 — JOURS 29, 30

À VÉLO DANS LE PARC STANLEY

L'une des grandes attractions de Vancouver, c'est le **PARC STANLEY**. Il comporte 27 kilomètres de sentiers, alors, pour ne pas trop se fatiguer, on loue des vélos! C'est agréable de pédaler dans le poumon vert de la ville, qui abrite un demi-million d'arbres. Le plus célèbre d'entre eux, que Nicolas et maman ont adoré, c'est le **HOLLOW TREE**, un thuya géant au tronc creux, vieux de 800 ans!
Papa, quant à lui, a préféré la statue de la Petite Sirène, réplique de celle de Copenhague, et moi, j'ai beaucoup aimé la vue sur le centre-ville avec la forêt, l'eau et les gratte-ciels. Par manque de temps, on n'a pas visité l'aquarium de Vancouver, qui est le plus grand du Canada. Ce sera pour la prochaine fois!

LE PLUS GRAND CHINATOWN DU CANADA

La porte que nous franchissons en fin d'après-midi donne le ton : une inscription en caractères chinois suggère de « se souvenir du passé et de regarder vers l'avenir ». On suit une visite guidée pour ne rien manquer de ce quartier historique, qui date des années 1890. On commence par les **JARDINS DU DR. SUN YAT-SEN**, ensuite on goûte à des raviolis et des desserts chinois.
Enfin, on entre au 8, rue West Pender, dans **L'IMMEUBLE SAM KEE** qui a le record du monde du bâtiment commercial le plus étroit au monde : il ne fait que 1,50 mètre de large!

LES LAMPADAIRES ROUGES, LES SCULPTURES DE DRAGONS, LES PANNEAUX BILINGUES ANGLAIS / CHINOIS, LES GENS QUI PARLENT MANDARIN... TOUT CELA EST TRÈS DÉPAYSANT.

ZOOM CANADA

4 CANADIENS CÉLÈBRES

♡ Céline Dion

Céline Dion est sûrement la plus célèbre des chanteuses canadiennes. Elle est née en 1968 dans la banlieue de Montréal et a grandi dans une famille de 14 enfants. C'est à 12 ans qu'elle envoie un premier enregistrement à son futur manager, René Angélil. Sa carrière démarre aussitôt après, dans des émissions de télévision au Québec, au Japon et en France. Céline parcourt le monde, de concert en concert, et gagne même l'Eurovision en 1988 avec le titre **Ne partez pas sans moi**. Ses chansons, en français et en anglais, sont en tête des hit-parades de 1990 à 2000. Elle a vendu au total plus de 200 000 millions de disques dans le monde et continue de remplir les salles.

♡ Justin Bieber

Justin Bieber est né en 1994 à London, en Ontario. Il est repéré à 13 ans par un agent grâce à ses vidéos sur Youtube, et Usher, la star américaine du RnB, le prend sous son aile. Son premier album sort en 2009 et, très vite, toute la planète chante **One Time** et **Baby**. Plus de dix ans après ses débuts, la carrière de Justin Bieber est toujours en plein essor, ponctuée à la fois de démêlés avec la justice et de hits très populaires. Son album, **Justice**, est sorti en 2021, tout comme les beignets Timbiebs, une collaboration avec la fameuse chaîne de café Tim Hortons : c'est un jeu de mots incorporant le nom de Bieber à celui des petits beignets de la marque, les Timbits.

4 FAMOUS CANADIANS

♥ Jim Carrey

Jim Carrey est originaire de l'Ontario. Enfant, il adorait faire rire ses copains d'école. Une fois adulte, il commence sa carrière d'acteur comique dans les cabarets de Toronto, sans grand succès. C'est lorsqu'il déménage à Los Angeles qu'il parvient à se faire remarquer, et c'est le film **The Mask**, en 1998, qui lui apportera la célébrité. Ses grimaces et sa gestuelle si particulière lui permettent d'obtenir ensuite de nombreux rôles : Ace Ventura, l'Homme-Mystère dans **Batman** ou encore le personnage principal du **Truman Show**, qui lui vaut un prestigieux Golden Globe. Dans les années 2000 et 2010, il alterne des rôles comiques et d'autres plus sérieux, que ce soit dans des films ou des séries. Il a décidé de prendre sa retraite en 2022.

♥ Ryan Gosling

Ryan Gosling est une autre star qui, contrairement à ce que l'on pourrait croire, n'est pas américaine mais canadienne. Son nom de famille est plutôt amusant : un gosling, c'est un oison (le petit de l'oie) ! Disney Channel lui permet de commencer sa carrière à l'âge de 13 ans, en 1993. Il joue ensuite dans plusieurs films, et c'est **The Notebook** qui le fait mondialement connaître : ce long-métrage raconte l'histoire d'amour d'un couple, des années 1940 à nos jours. Cependant, Ryan Gosling varie les rôles et ne s'enferme pas dans les films romantiques, même si c'est ce qui lui réussit le mieux en termes de récompenses (le film **La La Land** lui a valu, par exemple, une nomination aux Oscars).

6 EN ROUTE VERS VICTORIA

TOUJOURS PLUS À L'OUEST

On a parcouru plus de 6 000 kilomètres depuis notre départ, mais on quitte une nouvelle fois le continent pour aller sur une île : celle de Vancouver, dans l'océan Pacifique. Avec ses 3 400 kilomètres de côtes, elle a plusieurs records à son actif : on y trouve la plus grande chute d'eau d'Amérique du Nord, les **DELLA FALLS**, hautes de 440 mètres, mais aussi l'arbre le plus grand du Canada, un **épicéa de Sitka**, qui mesure 96 mètres de haut et a un tronc de 4 mètres de diamètre.

DÉCORS DE FILMS ET SÉRIES

Sur le trajet, la mer est calme, il y a des centaines d'îles partout, certaines habitées, d'autres non, la plupart couvertes de forêts absolument magnifiques. On se croirait dans un film. D'ailleurs, si ce paysage a pour nous un air de déjà-vu : c'est parce que de nombreuses productions américaines, censées se dérouler en Californie ou dans la région de Seattle, sont en réalité tournées au Canada, sur **L'ÎLE DE VANCOUVER**.

Les marmottes de l'île de Vancouver

Ces petits mammifères, qui ne vivent que sur certaines collines de l'île, sont en voie de disparition : il n'en restait que 30 en 2003 mais des efforts de préservation de leur habitat ont fait remonter ce chiffre à 350 en 2021. Elles forment une espèce à part grâce à leur riche pelage chocolat, parsemé de taches blanches. Hibernant 210 jours par an, les marmottes ne sont actives qu'en été. Elles ne mangent que des végétaux.

VICTORIA-BOUND

LA COLOMBIE-BRITANNIQUE

DAY 31 | JOUR 31

VICTORIA, UNE CAPITALE À L'ÉLÉGANCE BRITANNIQUE

Souvent classée parmi les villes les plus agréables à vivre au Canada, **VICTORIA** a de nombreux atouts : c'est une agglomération à taille humaine, on peut s'y déplacer à pied, c'est très vert (on voit des paons en liberté dans le **PARC DE BEACON HILL** !) et l'eau n'est jamais loin. Sur le port, où des immeubles colorés remplacent aujourd'hui les anciennes maisons de pêcheurs, un petit phoque est venu nous dire bonjour alors qu'on mangeait un **fish and chips** ! Dans l'après-midi, maman est tombée amoureuse des **JARDINS BUTCHARD**, avec leurs 2 500 rosiers issus de 280 variétés différentes.

On remonte le temps

Comme il commence à pleuvoir, on décide de se mettre au sec dans le **MUSÉE ROYAL DE LA COLOMBIE-BRITANNIQUE**. Surprise : on a sept millions d'objets à contempler ! Pas sûr qu'on les voie tous... Le **HMS DISCOVERY**, le bateau avec lequel les explorateurs, dont le Capitaine Vancouver, ont découvert la région en 1789, a été reconstitué et les visiteurs sont autorisés à y grimper ! On peut aussi visiter une ville de 1900, avec sa scierie, sa mine et son usine de poissons. Et, bien sûr, on voit beaucoup de totems et des objets historiques autochtones.

BATEAU
SHIP

6 LA NATURE OMNIPRÉSENTE

AIGLE
EAGLE

UNE PARTIE DE PÊCHE ATYPIQUE

On commence nos explorations de l'île de Vancouver au **GOLDSTREAM PROVINCIAL PARK** : il est réputé parce que des saumons remontent ses cours d'eau lors des migrations. C'est d'ailleurs un excellent point d'observation pour voir des aigles en pleine partie de pêche !

DES CÈDRES GÉANTS

Situé dans le parc provincial de MacMillan, le site de **CATHEDRAL GROVE** rassemble les arbres les plus vieux et les plus grands de l'île, et même du pays ! La canopée atteignant 80 mètres de haut, on se croirait effectivement dans une cathédrale, et l'ensemble est rendu féérique par les fougères et la mousse qui recouvrent tout. Les arbres ont plus de 800 ans, c'est pourquoi des panneaux incitent à faire attention aux branches qui pourraient tomber à n'importe quel moment. On est donc très prudents en les contemplant !

NATURE IS EVERYWHERE

LA COLOMBIE-BRITANNIQUE
DAY 32   JOUR 32

SURF, RANDONNÉE ET CHOCOLAT CHAUD

À **TOFINO**, on trouve 16 kilomètres de plage, des surfeurs et… un chocolatier. Nicolas et papa se laissent tenter par un cours d'initiation au surf ! Pendant leur leçon, maman et moi décidons de prendre de la hauteur : nous partons à l'assaut de **COX BAY**, un sentier qui grimpe un peu mais qui nous permettra d'observer nos surfeurs en herbe. En effet, après avoir atteint le sommet, on les voit de loin ! Ils semblent avoir du mal à se mettre debout, mais y arrivent parfois ! Lorsque nous redescendons, nous les trouvons en train de grelotter sur la plage : l'eau n'était qu'à 15 °C : tout le monde a bien mérité un chocolat chaud au caramel au beurre salé.

Les parents discutent ensuite avec le prof de surf, qui vient de Terre-Neuve, à l'autre bout du Canada ! Il est originaire de **FOGO**, un îlot au large de la grande île, et il parle de sa province avec affection : les macareux, les baleines, mais aussi les icebergs qui dérivent dans la baie chaque printemps. Il nous explique aussi la tradition du **screech-in** : embrasser une morue congelée et boire un verre de rhum juste après. Beurk !

La **Nanaimo Bar**

En passant par la ville de Nanaimo, on s'arrête pour goûter la spécialité culinaire qui a fait le tour du Canada depuis sa création dans les années 1940 : la barre Nanaimo. C'est un gâteau à trois couches : une base de biscuits à la noix de coco, une couche de crème anglaise et un glaçage au chocolat. C'est bon… à condition d'aimer la noix de coco !

SI L'ÎLE DE VANCOUVER EST AUSSI POPULAIRE, TANT POUR LES TOURISTES QUE POUR LES CANADIENS, C'EST EN RAISON DE SON CLIMAT TEMPÉRÉ. EN HIVER, LA TEMPÉRATURE LA PLUS FROIDE NE DESCEND JAMAIS EN DESSOUS DE - 2 °C ET, EN ÉTÉ, IL FAIT 23 °C EN MOYENNE. C'EST UN LIEU TRÈS PRISÉ DES RETRAITÉS ET DES GENS QUI SUPPORTENT MAL LE RUDE HIVER CANADIEN.

LITTÉRATURE, CINÉMA ET TÉLÉVISION

ZOOM CANADA

♥ À l'écrit

Margaret Atwood est, sans doute, l'auteure canadienne la plus célèbre. Née en Ontario en 1939, elle commence sa carrière comme professeure d'anglais dans plusieurs universités, tout en publiant des recueils de poésie puis des romans. C'est son livre **The Handmaid's Tale**, (*La Servante écarlate*), publié en 1985, qui lui apporte une reconnaissance internationale. On y suit l'histoire de Sefred (Offred dans la version originale), soumise à un monde dystopique qui la réduit au rôle d'esclave forcée d'avoir des enfants. L'héroïne rebelle se raccroche à ses souvenirs pour ne pas sombrer dans le désespoir. Le roman a connu tellement de succès qu'il a été adapté en série télévisée!

♥ Au cinéma

Plusieurs réalisateurs canadiens sont très connus à l'international. Denis Villeneuve enchaîne succès sur succès, avec **Incendies**, **Arrival**, **Blade Runner 2049** ou, plus récemment, **Dune**, qui a gagné six Oscars en 2021. Denys Arcand, quant à lui, préfère les films de société. Il est connu pour sa trilogie : **Le Déclin de l'empire américain**, **Les Invasions barbares** et **L'Âge des ténèbres**, qui met en scène, sur plusieurs années,

BOOKS, MOVIES AND TV

un groupe d'amis dont les confidences vont ébranler les relations.
Presque tous les Canadiens francophones ont vu **La Guerre des tuques**, un film de 1984 qui suit les péripéties d'un groupe d'écoliers désireux de se faire la guerre à coups de boules de neige pendant les vacances d'hiver.

♡ Sur le petit écran

Côté télévision, la série comique **Bienvenue à Schitt's Creek** a eu un succès fou pendant six saisons et a raflé de nombreuses récompenses, dont le Golden Globe de la meilleure série, en 2021, et quatre Emmys pour les meilleurs acteurs, en 2020. C'est l'histoire de la famille Rose qui perd toute sa fortune après avoir été arnaquée par un conseiller financier. Ses membres sont obligés de repartir à zéro dans la petite ville de Schitt's Creek, que les parents avaient achetée à leur fils pour blaguer quelques années plus tôt.
Dans un autre registre, l'émission **Dragon's Den** a fait des émules partout dans le monde. Son principe ? Des entrepreneurs se présentent devant des investisseurs pour essayer de les convaincre d'injecter de l'argent dans leur projet. Le show en est à sa dix-septième saison sur la chaîne nationale CBC !

7 LE YUKON, NOTRE DERNIÈRE ÉTAPE

BIENTÔT LA FIN DU VOYAGE

On prend un vol pour **WHITEHORSE**, la capitale du **YUKON**. Par le hublot, le paysage est impressionnant. Il n'y a pas âme qui vive, pas une habitation. Le Yukon ne compte que 40 000 habitants, sur un territoire grand comme l'Espagne ! Au loin, on aperçoit le **MONT LOGAN**, la plus haute montagne canadienne, qui culmine à 5 959 mètres d'altitude.

LA RUÉE VERS L'OR

Le Yukon est devenu célèbre en 1896, lorsque deux mineurs y ont trouvé de l'or. Près de 100 000 personnes ont alors débarqué dans la région du **KLONDIKE**, dans l'espoir de devenir riches. Cependant, la difficulté du trajet et les restrictions imposées par le gouvernement canadien (il fallait emporter un an de nourriture !) en ont découragé plus d'un et, lorsque de l'or a été découvert en Alaska en 1899, les prospecteurs ont quitté le Yukon. Aujourd'hui, la plaque d'immatriculation leur rend hommage.

LES DUNES DE CARCROSS

Au milieu de l'Arctique, le Yukon abrite le plus petit désert du monde, d'une superficie de 2,6 kilomètres carrés. Vestige d'un lac glaciaire, il est protégé de la pluie par les montagnes. Le sable y recèle des plantes et insectes rares, comme le **lupin du Yukon**, le **Carex des sables** ou la **mouche des dunes**. Ces dernières y prolifèrent un peu trop à mon goût !

LAST STOP: YUKON

LE YUKON

DAYS 33, 34   JOURS 33, 34

COCKTAIL ET CANCAN

DAWSON n'est pas une ville comme une autre : son cœur bat au rythme de son saloon. On se croirait au Far West ! Comme dans les films, il y a des spectacles de cancan, et la ville a une spécialité culinaire dégoûtante : un cocktail dans lequel flotte un véritable orteil humain momifié, qu'il ne faut surtout pas avaler. Autant dire de suite qu'on ne va pas le tester !

Le cercle polaire

Une ligne imaginaire, au 66e parallèle, marque le cercle polaire. À cet endroit, le soleil ne se couche pas pendant 54 jours par an. Le célèbre panneau est accessible via la *Dempster Highway*, une route de graviers qui part de la ville de Dawson, traverse la toundra et arrive au cercle polaire 735 kilomètres plus loin, sans croiser aucune habitation ni aucun commerce. La route mène jusqu'à l'océan Arctique, à Tuktoyaktuk, dans les Territoires du Nord-Ouest.

L'été indien

Ce phénomène ne se réduit pas au changement de couleurs des feuilles à l'automne. Pour assister à un été indien, il faut être sur place entre début octobre et mi-novembre, après une première période de gel. Le redoux qui suit doit durer au moins trois jours, avec une température d'au moins 5 degrés supérieure à la normale saisonnière et il ne doit pas pleuvoir plus de 5 millimètres par jour !

LUPIN / LUPINE

L'HIVER AU CANADA

-63°C SNAG, YUKON

♥ Des températures extrêmes

À part en Colombie-Britannique, tous les Canadiens expérimentent des températures négatives en hiver. Le record de la température la plus froide jamais enregistrée date de février 1947 : à **SNAG**, au Yukon, il faisait alors - 63 °C (la même température que sur la planète Mars !). Avant de sortir, les gens se couvrent bien et consultent la météo pour vérifier le refroidissement éolien, car le vent peut facilement faire baisser la température ressentie d'une dizaine de degrés.

♥ La neige

Il ne neige pas de la même façon partout au Canada. Le Nouveau-Brunswick voit en moyenne 3 mètres de neige tomber par an, quand Montréal n'en reçoit que 2 et Calgary 1,30 mètre. Pendant l'hiver 1971-72, Revelstoke, en Colombie-Britannique, a été ensevelie sous 24 mètres de neige, un record ! Dans certaines langues auchtones, comme l'alquonguin, il y a près de 200 mots pour décrire les différents types de neige.

♥ Les chiens de traîneau

D'est en ouest, les traîneaux tirés par des chiens sont très populaires. Ceux qui les conduisent s'appellent des mushers. Les plus compétitifs d'entre eux s'affrontent chaque année avec une meute de 6 à 14 chiens lors de la **Yukon Quest**, une course de 724 kilomètres entre Dawson et Whitehorse. Il faut plusieurs jours pour effectuer la distance complète.

WINTER IN CANADA

♥ La pêche sur glace

Cette technique, aussi appelé « **pêche blanche** », gagne en popularité aujourd'hui, alors qu'elle est pratiquée par le peuple algonquin depuis des siècles. D'abord, le pêcheur creuse un trou dans la glace d'un lac ou d'un fleuve avec une perceuse spéciale. Ensuite, il pose sa ligne et attend qu'un poisson morde à l'hameçon ! Pour se réchauffer, les pêcheurs installent des cabanes.

♥ Motoneige et raquettes

Les Canadiens pratiquent beaucoup de sports d'hiver. La **motoneige** permet de parcourir de longues distances sur des sentiers dédiés. Quant aux **raquettes**, elles étaient utilisées par les Premières Nations, qui les construisaient de différentes formes (ovales, circulaires, triangulaires) selon leurs besoins et le type de neige. Elles étaient en bois avec des lanières en peau de caribou ou de phoque. Aujourd'hui, elles se sont modernisées, mais elles continuent de ravir les familles.

♥ Le ski au Canada

WHISTLER est la station de ski la plus célèbre du Canada. Elle a notamment accueilli certaines épreuves des Jeux olympiques d'hiver de 2010. Le ski alpin se pratique à l'ouest et à l'est du pays, notamment à **MONT TREMBLANT**, au Québec, et à Banff. Au centre du pays, comme il n'y a pas de montagne dans la région des Prairies, c'est le ski de fond qui est davantage répandu.

8 LA FIN DU VOYAGE

UN DERNIER AU REVOIR MÉMORABLE

Dans l'avion entre Whitehorse et Vancouver, avant de prendre notre vol retour pour Paris, le Canada nous offre un fantastique spectacle d'adieu : des aurores boréales. On est vraiment au milieu du ciel illuminé, c'est magique.

LE DRAPEAU

Le drapeau du Canada, ou unifolié, représente une feuille d'érable rouge avec 11 pointes, placée sur un carré blanc, au centre. Il ne date que de 1965. Bien que le roi George V ait décrété dès 1921 que les couleurs officielles du drapeau canadien seraient le rouge pour l'Angleterre et le blanc pour la France, il a fallu quarante années supplémentaires pour créer ce drapeau officiel !

THE END OF OUR TRIP

LA COLOMBIE-BRITANNIQUE

DAY 35 | JOUR 35

- DRAPEAU / FLAG
- SIROP D'ÉRABLE / MAPLE SYRUP
- SUCETTE / LOLLIPOP
- CARAMEL MOU / FUDGE
- CASQUETTE / BASEBALL CAP
- MOUFLES / MITTEN
- MAILLOT / JERSEY

Ce qu'on rapporte dans nos valises

On ne quitte pas le Canada sans avoir fait quelques achats. On a craqué pour :
- toute une collection de produits à base d'érable : du sirop pour offrir mais aussi du beurre d'érable, à manger sur du pain grillé, et des bonbons ;
- du fudge, une sorte de gâteau-caramel à base de beurre, de sucre, de lait et de chocolat ;
- des maillots de hockey pour nous tous ;
- une casquette des Blue Jays pour Nicolas et une des Raptors pour papa ;
- une sculpture d'inukshuk pour maman ;
- des moufles et un drapeau canadien pour moi.

BYE BYE LE CANADA !

Pendant les dix heures de vol entre Vancouver et Paris, on essaye de faire le bilan de notre voyage. On a parcouru des dizaines de milliers de kilomètres, on a vu des tas d'animaux, des fossiles et des statues, on a parlé français et anglais, on a fait des randonnées, des sports aquatiques, on a visité des musées, des îles… Et pourtant, on n'a pas tout découvert. Le Canada a encore une foule de secrets à nous révéler. Et si on revenait l'après prochaine ?